終於到福岡了。

那麼，接下來要做什麼呢？

可以去車站大樓、百貨公司、複合品牌店購物，
晚上就去逛逛屋台，享受那裡的美食和氣氛吧！
或不妨走遠一些，去觀光景點看看吧！

首先在福岡市區好好地享受
購物樂趣、品嘗著名美食，
逛完市區後，就出發前往觀
光景點匯集的太宰府、糸
島、柳川等地吧。如果想看

海或走訪休閒娛樂設施，可
以去離市中心有點距離的海
之中道或能古島，搭船來趟
小旅行也非常棒喔！

博多站是福岡的陸上交通門戶。先在
「JR博多CITY」看看有哪些值得一逛
的好店吧。⊠P.72

中洲及天神區林立的屋台是福岡的觀
光名勝之一。有些屋台還吃得到洋食
餐點，非常時髦喔。⊠P.

U0076762

搭船前往位在博多灣的能古島，航程
約10分，島上可欣賞到油菜花及大波
斯菊等各個季節的花朵。⊠P.90

搭乘搖櫓船悠然自得地欣賞柳川風
光。這裡也是詩人北原白秋的故鄉。
⊠P.128

大濠公園以外圍2km的水池為中心，
是福岡市中心的親水休憩景點。
⊠P.104

抵達福岡後⋯

抵達福岡後…

計劃一下
享受一個輕巧自在的
悠哉小旅行

ことりっぷ co-Trip 小伴旅

福岡
太宰府

讓我陪你去旅行
一起遊玩好EASY～

走♪我們出發吧

要吃點什麼呢？

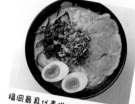

充滿特色的正統豚骨拉麵，肥腸鍋、水炊鍋兩大知名火鍋，以及玄界灘的海鮮都不可錯過。

說到福岡的知名美食，當然就是乳白色湯頭的豚骨拉麵了。另外還有使用漁港直送海鮮製作的超值午餐、鄉土料理水炊鍋、吃得到滿滿膠原蛋白的肥腸鍋等，各種美食讓人眼花撩亂。在時髦的咖啡廳享用早午餐或下午茶也很棒。

福岡最具代表性的美食就是拉麵。即便同樣都是豚骨拉麵，每家店的味道可是各有千秋。☞P.22

check list

- ☐ 時髦的屋台 ☞P.16
- ☐ 正統豚骨拉麵 ☞P.22
- ☐ 在地人美食烏龍麵 ☞P.26
- ☐ 玄界灘的海鮮午餐 ☞P.28
- ☐ 美味鮮魚料理與美酒 ☞P.30
- ☐ 福岡風格壽司 ☞P.32
- ☐ 滿滿蔬菜的肥腸鍋 ☞P.34
- ☐

在匯集了近海漁獲的福岡品嘗海鮮，便宜、美味是當然的！
☞P.28・30・32

要買些什麼呢？

可愛的小東西可以買來自用，經典在地點心則是伴手禮好選擇。找找看有哪些福岡才有的好東西吧。

除了車站大樓、百貨公司，福岡還有各式各樣的商店能讓人逛個夠。在時髦商店發現的可愛小物當然要馬上買下，忘了買伴手禮的話去博多站準沒錯，這裡有琳瑯滿目的在地特色商品。選擇傳統博多點心或鄉土特產來送禮，絕對能讓收到的人開心。

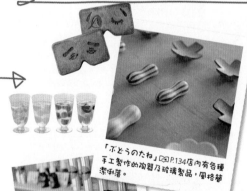

「ぶどうのたね」☞P.134店內有各種手工製作的陶器及玻璃製品，風格簡潔俐落。

「海辺の手作り石けん工房 畷楽」☞P.110的香皂很適合買來送禮。

check list

- ☐ 大名的潮流商品 ☞P.60
- ☐ 藥院的特色小店 ☞P.78
- ☐
- ☐ Made in福岡的在地點心 ☞P.94
- ☐ 博多伴手禮 ☞P.96
- ☐

到福岡玩3天2夜

到了福岡後就先去市中心購物吧。
第2天、第3天可以走遠一點，遊覽各觀光名勝或來趟半島兜風之旅，
充分體驗福岡兼具都會與自然景觀的魅力所在。

第1天

10:30

抵達博多站。第一站先去福岡的時尚集散地**天神地區** ☞ **P.70**。搭循環巴士的話只要100日圓就能到囉!

11:00

坐上巴士10分鐘就到了天神地區。這裡的知名百貨公司、服飾商場、地下街…等有超多讓人想進去逛的商店。

12:30

在現在最熱門的烏龍麵店**釜喜利うどん** ☞ **P.26**享用午餐。可以在這裡吃到新口味的博多烏龍麵。

設計簡約俐落
的襯衫

14:00

在國體道路的複合品牌店**picture** ☞ **P.61**購物。店內販售許多高品質又耐穿的服飾。

18:00

去**もつ鍋田しゅう** ☞ **P.35**享用著名的肥腸鍋。滿是甘甜滋味的肥腸鍋值得品嘗到最後。

日本神牛的肥腸
入口即化

上面放了滑嫩雞蛋的乾咖哩

20:30

造訪屋台多吃一攤吧!**屋台レストランバーDON!** ☞ **P.16**可以吃到各種時髦的西洋風餐點。

第2天

10:00
退房後前往西鐵福岡（天神）站，搭乘約30分鐘的電車前往福岡最著名的觀光名勝。

11:00

參拜祈求好運

參拜以學問之神著稱的**太宰府天滿宮** P.122。這裡四季都能欣賞到美麗花朵，並有許多可向神明祈願的地方。

12:00
參拜完後可以逛一逛參道，兩旁林立著與天神相關的伴手禮店與餐廳等約80間商店。

在充滿日式情調的餐廳享用午餐

13:30
九州國立博物館 P.126與太宰府天滿宮僅有步行5分鐘的距離，在這裡可以看到許多與亞洲有深厚淵源的九州獨有的展示。

美味的甜點超誘人

15:30
再次搭乘西鐵電車前往氣氛閒適祥和的藥院地區，在Le Cercle P.77享用人氣甜點。

16:30
造訪網羅各式器皿、文具等可愛精選雜貨的mille P.78，說不定能在這裡發現中意的東西喔。

17:30
前往**博多Éclair飯店** P.102登記入住。在每間裝潢都是獨一無二的時髦客房內好好休息吧。

第3天

10:00

旅館退房後在博多站租車前往**糸島** ☒ P.110，這裡的海邊聚集了許多時髦的咖啡廳及商店。

11:00

首先來到位於半島西側的**海辺の手作り石けん工房暇楽** ☒ P.110。飄散著香草芬芳氣味的店內陳列著可愛的手工皂。

12:00

沿著海邊的縣道54號行駛，眼前便是蔚藍的海洋。由注連繩連接的夫婦岩所在的**櫻井二見浦** ☒ P.111對面有停車場。

美麗海景近在眼前的風景名勝

12:30

在能欣賞到絕景的露臺享用午餐♪

從店內就能望見二見浦的**PALM BEACH** ☒ P.111是午餐的最佳選擇，可以在海景的陪伴下品嘗使用糸島產食材製作的義大利料理。

包裝十分可愛，適合買來送禮

16:30

回到博多站還車後，在**JR博多站** ☒ P.72·96挑選完伴手禮再回家吧！從經典到新奇創意伴手禮都買得到喔。

14:00

順便去逛**麻と木と…** ☒ P.116，看看以天然素材製作的各種雜貨品。店內商品種類繁多，說不定會有喜歡的喔。

我的旅行
小法寶

擬定計畫的訣竅

福岡的交通網十分完善，景點間的移動很方便。只要好好搭配使用巴士、地下鐵及電車的一日乘車券，就能讓行程更有效率。另外也可以搭乘沿途行經福岡市內觀光景點的周遊巴士。要去太宰府的話則以西鐵電車較為方便。

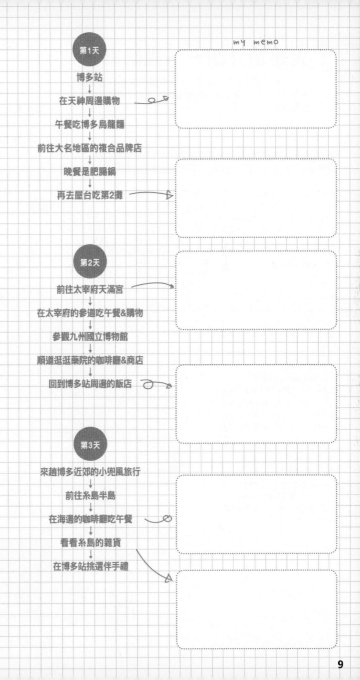

my memo

第1天

博多站
↓
在天神周邊購物
↓
午餐吃博多烏龍麵
↓
前往大名地區的複合品牌店
↓
晚餐是肥腸鍋
↓
再去屋台吃第2攤

第2天

前往太宰府天滿宮
↓
在太宰府的參道吃午餐&購物
↓
參觀九州國立博物館
↓
順道逛逛藥院的咖啡廳&商店
↓
回到博多站周邊的飯店

第3天

來趟博多近郊的小兜風旅行
↓
前往糸島半島
↓
在海邊的咖啡廳吃午餐
↓
看看糸島的雜貨
↓
在博多站挑選伴手禮

大略地介紹一下福岡市區

以九州最繁華的鬧區—天神為中心的福岡市區，主要觀光重點在於享受美食及購物的樂趣。有許多休閒娛樂設施的濱海地區也別具魅力。

在博多站，做好旅行的萬全準備

首先前往觀光服務處。
位在一出中央剪票口右方的「博多站綜合服務處」可以索取福岡市觀光指南、車站租車介紹、住宿指南等資源。
☎092-431-3003
（博多站綜合服務處）

有沒有忘了帶什麼？
車站附近就有便利商店。
出了筑紫口後右手邊的飯店1樓有24小時營業的「LAWSON」，在來線的中央剪票口內也有「全家便利商店」。

要做行前討論
就去車站前的咖啡廳吧。
與車站直通的博多DEITOS、博多站地下街等處有各式各樣的咖啡廳及餐廳。新幹線中央剪票口附近的咖啡廳從早上7時，速食店從早上5時就開始營業。

放下沉重的行李出發去觀光
尋找便利的置物櫃。
車站內許多地方都有置物櫃，不過以在來線北剪票口端的Ming入口以及2樓的新幹線光之廣場後方數量最多。

車站附近的便利景點
也去看看吧。
●博多巴士總站（**MAP** 別冊5B-1）
1樓至3樓為乘車處。這裡有便利商店、伴手禮店、百圓商店、服飾店、大型書店及餐廳等各類商店。
●EX-SIDE博多（**MAP** 別冊5C-1）
被稱作「EX-SIDE橫丁」的1樓與2樓有便利商店、藥局、餐廳等9家店鋪。
●福岡市內的移動方式為地下鐵與巴士，兩者皆為當日不限次數搭乘的一日乘車券。

圍繞水池而建的水邊公園
大濠公園
おおほりこうえん
外圍有約2km的步道，是遊人如織的休憩景點。
P.104

福岡潮流時尚的最前線
P.60
大名
だいみょう
最具流行敏感度的區域，領導流行的時尚商場及店鋪都在這兒。

福岡都市高速環狀線
大正通
明治通
赤坂
國體道路
Marizon
能古渡船場
室見川
樋井川
那珂川
唐人町
大濠公園
地下鐵空港線
姪濱
下山門站
JR筑肥線
室見
藤崎
西新

高質感商店集散地
P.74
藥院、淨水通
やくいん・じょうすいどおり
寧靜的住宅區內不僅有時髦的商店，還有動植物園。

**百貨公司林立的
購物天堂
天神** P.70
てんじん
大型百貨公司及時尚商
場皆集中在此，是九州
最繁華的鬧區。

**白天可以逛商店街，
晚上品嘗屋台美食
中洲‧川端** なかす‧かわばた
川端可以享受漫步商
店街的樂趣，霓虹燈
閃爍的中洲那珂川畔
則有整排的屋台。 P.44‧80

**尋找好東西的
最佳去處
今泉‧警固** P.62
いまいずみ‧けご
這一區位在國體道路
南邊，狹窄的小巷內
有許多特色商店。

**九州門戶
&人氣景點
博多** P.72
はかた
福岡之旅就以博多站為據
點。JR博多CITY及周邊聚
集了眾多美食與購物景點。

Bayside Place
博多

馬出九大
病院前

千代縣廳口

吳服町

中洲川端

祇園

天神

天神南

渡邊通

藥院

箱崎站

船泊站→

JR篠栗線

小倉站→

山陽新幹線

吉塚

JR鹿兒島本線

御笠川

福岡空港站→

博多

JR鹿兒島本線

九州新幹線

那珂川

竹下站→

新鳥栖→

地下鐵箱崎線

地下鐵空港線

地下鐵七隈線

西鐵福岡
〔天神〕

西鐵天神大牟田線

高架天神大岩田線→

西鐵平尾站→

ことりっぷ co-Trip 小伴旅　福岡 太宰府

CONTENTS

福岡的推薦美食

旅行的最大樂趣之一，絕對就是美食。
被譽為「食之都」的福岡，
自然不缺可口且價格實惠的美食。
追求極致好滋味的豚骨拉麵、玄界灘的海鮮、
水炊鍋、肥腸鍋、一口煎餃…。
還有，千萬別忘了造訪
夜晚溫暖燈光籠罩下的屋台。
歡迎來到充滿誘惑的美食之都福岡。

穿過門簾入座
歡迎光臨福岡屋台體驗在地文化

提到福岡的夜晚首先想到的就是屋台，總數大約有120家之多。
許多屋台的氣氛感覺就像回到家裡般，在豪邁的老闆招呼下，
比鄰而坐的客人們也自然而然地打開了話匣子。

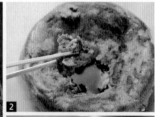

1到了17時左右，被稱為「引屋」的人就會以汽車或機車將屋台載過來搭設 **2**可吃到水煎豬腳等各種少見的菜色 **3**櫥窗內的各式食材 **4**穿過門簾就成了在地人的一份子 **5**洋風餐點香料烤雞 **6**不論是熟客或第一次來的客人全都打成了一片，氣氛熱絡

屋台的經典必吃美食

拉麵

去到屋台就是會讓人想吃拉麵。許多店都有提供標準的豚骨口味拉麵

在鐵板上翻炒煮過的麵與食材，再淋上豚骨湯頭及伍斯特醬調味

炒拉麵

串烤

不知道要吃什麼的話，先去吃串烤準沒錯。許多福岡人都愛吃烤豬五花

放入了大量福岡名產—明太子的玉子燒，與美乃滋也非常搭

明太玉子燒

14

重點在於有無價目表

菜單上有明確標出價格的店家就可以放心消費囉。另外，福岡的屋台是不提供生食料理的。

屋台聚集的3大區域

燈火通明的屋台點亮了九州最繁華的鬧區——天神的夜晚。客群從上班族、情侶到年輕人都有，氣氛很適合新手造訪。

福岡市移動飲食業組合
☎092-751-3490

以五彩繽紛的霓虹燈為背景，河邊一整排的屋台是福岡著名的風景。這裡聚集了許多個性派屋台，菜色以大婦羅為主，還能品嘗洋風創作料理、種類豐富的雞尾酒等……。

以極細麵搭配乳白色豚骨湯頭而成的「長濱拉麵」便是誕生於此。每晚都湧入大批為拉麵慕名而來的觀光客，人聲鼎沸。

長濱移動飲食業組合
☎092-732-6530

第一次去屋台 How To

Q1

什麼時候去比較好？

21時以後會有許多吃完飯的人來屋台續攤，因此建議新手在18時～21時前來。來屋台的客人從下班後「小酌一杯」，到「好好吃頓晚飯」等，各種型態都有。

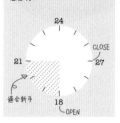

Q2

可以不點酒嗎？

基本上屋台不會提供冰水，不喝酒的話建議點無酒精飲料。酒類方面，除了啤酒或燒酎外，有些店家還提供葡萄酒或雞尾酒喔。

不點酒也OK喲♪

Q3

價位大概在？

只吃拉麵的話大約500日圓左右，如果是關東煮或串烤、再喝杯酒的話則要1000多日圓。要是想再多吃道招牌在地料理，大概會到2000日圓左右。如果被老闆推薦了高級海鮮或肉類，最好先確認價格再做決定。

Q4

想上廁所的話要怎麼辦？

附近就有公用廁所，前往屋台前可以先去一下。不過還是建議先確認好廁所的位置。由於屋台的座位數都不多，請不要坐太久。

Q5

挑選店家有什麼訣竅嗎？

鐵板料理、天婦羅等，不同的屋台各有其特色。先想好要吃哪一類的料理後，再看看哪間店有明確標示出價格。另外，如果是多人一同前去消費的話，每個人都要點餐才合乎禮儀。

屋台在天候不良時可能會臨時歇業，建議事先確認好氣象預報及公休日。

輕鬆用餐的新選擇
在時髦屋台大啖美食

說到福岡屋台的經典菜色，大家想到的都是拉麵或串烤，
但來到屋台除了吃得到乾咖哩及墨西哥捲餅等異國料理外，
有些屋台還提供搭配雞尾酒和葡萄酒的各式下酒菜喔。

洋食餐點豐富的
休閒風屋台

屋台レストランバーDON!

‖ 天神 ‖ やたいレストランバードDON

提供葡萄酒及雞尾酒等數十種飲料，並有披薩及義大利麵等各種搭配飲料的洋食餐點。店面是由女性工作人員打理，因此女性也能自在地前來。

☎092-761-3088
⌂福岡市中央区渡辺通4-6-2パーキング303前 ⏰18:30～24:30 休不定休 P無 ！西鐵福岡(天神)站步行8分 MAP別冊4 B-3

寫有「DON！」的黃色招牌十分醒目

menu
7種串烤拼盤 600日圓
香蒜螢烏賊 680日圓

第5代的乾咖哩800日圓
滑嫩的雞蛋與濃郁香辣的乾咖哩非常搭，是這裡的著名餐點

有種類豐富的異國料理

自製炭烤
香料烤雞780日圓
雞肉可以吃到好幾種香料的滋味，外皮酥脆，內層鮮嫩多汁

一開店就客滿的
有名屋台

かじしか

‖ 川端 ‖

由老闆娘下村和代與小老闆克彥母子二人一同經營。櫥窗內擺滿了以豬五花包住向當地漁夫採購的海鮮及蔬菜所製作成的一串串佳餚。週末建議訂位。

☎090-1877-3773 ⌂福岡市博多区中洲中島町1
⏰19:00～翌1:30 休週日 ！地下鐵中洲川端站步行5分 MAP別冊7 C-2

店內坐滿了出差的上班族及外縣市來的觀光客

menu
老闆的豬咖 650日圓
佐賀縣唐津產炸魚餅 350日圓

當令食材串烤
1串100日圓
以豬肉包住當令蔬菜及水果做成的健康串烤，可以吃到許多讓人意想不到的搭配

細麵塔配清爽的湯頭十分好入口

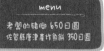

拉麵600日圓
口味清爽，不像外觀看起來那麼濃郁。可隨喜好添加紅薑

有調酒師招呼客人的屋台

博多屋台バー　えびちゃん是由打著領結的調酒師來招呼客人。如果請老闆幫忙決定要喝什麼，有20年以上調酒師資歷的老闆便會調製他獨創的雞尾酒。

著名菜色是
週六限定的可樂餅

あほたれーの

‖ 天神 ‖

招牌的可樂餅只有在週六吃得到，是限定60個的特別餐點，使用的是佐賀縣唐津產的紅土馬鈴薯。另外還有高菜飯、奶油炒香菇蘆筍、墨西哥捲餅等。

爽朗的老闆與顧客談笑風生，笑聲不絕於耳的屋台

☎080-5247-9819 　⌂福岡市中央區天神1 大丸 福岡天神店前 ⏰19:00～翌2:00 休不定休 ♨西鐵福岡（天神）站步行4分 MAP別冊7 A-3

墨西哥捲餅650日圓
可依喜好將檸檬擠在手工製作的莎莎醬上享用，是這裡的人氣餐點

menu
高菜飯 600日圓
肥腸鍋 950日圓

蕃茄醬與可樂餅
非常搭

可樂餅1個250日圓
沒有將馬鈴薯完全壓碎，保留了鬆軟口感

提供100種以上的雞尾酒
與下酒菜

博多屋台バー えびちゃん

‖ 川端 ‖ はかたやたいバー えびちゃん

在九州首屈一指的鬧區──中洲開了31年的屋台。由曾擔任調酒師的海老父子的第二代打理店鋪。主要提供包括獨創口味在內共100種以上的雞尾酒。以草莓利口酒調製的雞尾酒860日圓。

☎090-3735-4939 　⌂福岡市博多區上川端町 冷泉公園前 ⏰19:00～翌2:00 休不定休（天候不佳時公休） ♨地下鐵中洲川端站步行5分 MAP別冊6 D-3

有名種適合搭配雞尾酒的小菜

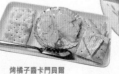

晚上8時以前基本款雞尾酒540日圓

烤鯛魚頭
1290日圓～
本店的人氣料理。以炭火將油脂豐富的鯛魚下巴烤得香氣四溢

烤橘子醬卡門貝爾
起司860日圓
酸甜橘子醬與溫醇的卡門貝爾起司入口即化

menu
Salty Dog 860日圓
雞尾酒 860日圓～

關東煮1個110日圓～
以牛尾湯熬煮的關東煮，是10月至5月提供的季節料理

あほたれーの、かじしか店內有女性工作人員，女生也可以結伴輕鬆前往。

緊張又興奮的屋台初體驗♥
先從新手也不用擔心的「天神」開始吧

福岡最具代表性的美食風景當然就是屋台。
不過想必也有不少人不清楚該去什麼樣的店家比較好，
那麼以下就來介紹適合新手入門的屋台。

女生單獨一人也能
自在造訪的屋台

豆芽炒麵
／650日圓
炒拉麵加上蔬菜做成的
人氣料理

串烤／1串100日圓～
有烤青椒、紫蘇捲、
韭菜捲等

なんしようと屋
なんしようとや

1989年開幕至今始終高朋滿座的人氣
屋台。以實惠的價格就能享用分量十
足的美食，因此也有許多學生上門。
而且許多餐點都吃得到蔬菜喔。

☎090-7446-3638 🏠福岡市中央区天神
1 福岡ダイアモンドビル前 ⏰18:00～
24:00 🈵週日、假日、天候不佳時 🅿無
🍴西鐵福岡（天神）站步行5分 MAP別冊7
A-2

不可錯過充滿創意
的平民美食

串烤
／各種110日圓～
經過仔細的事前處理燒烤而成
的豬直腸很受歡迎

豆腐明太起司
鐵板／700日圓
以辣明太子搭配
滑嫩的豆腐與牽
絲的起司，非常
有特色

花山の天神さん
はなやまのてんじんさん

位於昭和通的屋台。去骨後如同煎餃
般加入麵粉煎出酥脆口感的水煎豬
腳、滑嫩的豆腐上放有起司與辣明太
子的豆腐明太起司鐵板等，能吃到豐
富的獨家料理。

☎090-7534-6952 🏠福岡市中央区天神
2-13-1 福岡銀行本店後門前 ⏰18:00前
後～翌1:00前後 🈵週一 🅿無 🍴西鐵福岡
（天神）站步行5分 MAP別冊8 F-2

最適合女性
分量減半也OK

Q彈煎餃
／2個550日圓
以彈牙的外皮包
住餃子餡，裡面
滿是肉汁

博多豚骨拉麵／300日
圓（分量減半），500
日圓（一般分量）
細麵、豚骨湯頭的基本
款博多拉麵。圖為減半
的分量

博多っ子純情屋台 喜柳
はかたっこじゅんじょうやたいきりゅう

老闆是道地的博多人，提供燉煮料理
及鐵板燒等約80種菜色。其中，使用
太宰府天滿宮梅枝餅餅皮製作的「Q
彈煎餃」深受好評。

☎090-9721-9061 🏠福岡市中央区天神
1 大丸福岡天神店前 ⏰18:00～翌3:00
🈵不定休 🅿無 🍴西鐵福岡（天神）站即到
MAP別冊8 F-3

豐富多樣的品項為一大賣點

福岡屋台最吸引人的地方就是五花八門的料理。天婦羅、相撲火鍋、義大利料理……甚至是創意料理的全餐都吃得到。

打著「博多第一」的招牌 提供豐富菜色

博多ピリピリ焼き／650日圓
以可麗餅殼的餅皮捲起辣明太子、泡菜、高麗菜享用

たまごっち／650日圓
用起司包住雞蛋做成的創意玉子燒

なかちゃん

有約100種菜色可選擇，其中包括了大阪燒及土雞等多種鐵板燒料理。幾乎所有餐點都能請店家做成半人分。

☎090-3601-3540 ⌂福岡市中央区天神2-1-1三越東側福岡站中央口旁 ◷19:00～翌3:00 困不定休 ℙ無 ‼️西鐵福岡（天神）站即到 MAP別冊8 F-3

炒拉麵的 創始名店

明太玉子焼 ／680日圓
以雞蛋包住博多明太子所成的人氣料理之一

炒拉麵 ／700日圓
超細麵上裹了滿滿的豚骨湯頭、重口味醬汁，吃起來滑順好入口的炒拉麵

小金ちゃん
こきんちゃん

發想出用炒拉麵的方式來炒拉麵的就是這間屋台，而「炒拉麵」現在也成了福岡屋台的知名美食。週末會出現排隊人潮的人氣店家。

⌂福岡市中央区天神2 ホテルモントレ ラ・スール福岡前 ◷18:30～翌1:00（週五、週六、假日前日為～翌1:30）困週四、週日（若週一逢假日則週日營業，週一休）‼️地下鐵天神站步行5分 MAP別冊8 F-2

以炒拉麵等的 鐵板料理聞名

炒拉麵 ／680日圓
使用蒸麵，並以醬油口味醬汁炒出香氣，料多味美的炒拉麵

元祖豚平燒 ／700日圓
在香煎厚切豬里肌肉上放上山藥所做成的豚平燒

鬼多郎 親不孝通店
きたろう おやふこうどおりてん

招呼顧客的店員熱情又有活力。這裡可品嘗到茄子起司燒及明太玉子燒等多種鐵板料理，以蠔油炒出爽口滋味的炒拉麵分量十足。

☎090-8229-3914 ⌂福岡市中央区天神2 面向ホテルモントレ ラ・スール福岡 ◷18:30～翌2:00 困週日 ‼️地下鐵天神站步行5分 MAP別冊8 F-2

福岡的屋台數量居全日本之冠，福岡市約有120間屋台。

想體驗道地屋台氣氛
就去在地人聚集的中洲、長濱

倒映著霓虹燈的那珂川畔有整排的中洲屋台。
長濱拉麵的發源地—長濱屋台鄰近漁港，
是當地人日常生活的一部分，氣氛輕鬆愜意。

辣明太子天婦羅900日圓，以紫蘇葉裹住一口大小的辣明太子油炸而成

喝得到豚骨湯頭鮮甜滋味的拉麵500日圓

以炭火細烤方式料理的火腿排400日圓

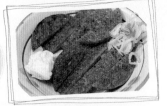

網烤特選土雞900日圓，高麗菜與嗆醋帶來清爽口感

舒服自在的氣氛

menu
炒拉麵 650日圓
鐵板味噌肉嚐 850日圓
牛舌 900日圓

屋台四周以木格子拉門圍起

menu
極上牛舌排 1500日圓
天婦羅拼盤 1300日圓
辣明太子醃沙丁魚 700日圓

位在屋台街外的低調屋台
風来けん坊 ‖中洲‖ ふうらいけんぼう

由豪邁的老闆娘來招呼客人的屋台。除了屋台常見的拉麵及關東煮外，還有火腿排、牛舌等豐富的肉類料理，甚至還吃得到鯨魚肉鐵板燒等罕見菜色。

☎090-1979-7296 🏠福岡市博多区中洲5 明治安田生命ビル前9 ⏰19:00～翌0:30 週日、假日 🅿無 🚇地下鐵中洲川端站步行3分 MAP 別冊7 C-2

將博多名產辣明太子做成天婦羅
司 ‖中洲‖ つかさ

位於那珂川畔，以身著和服的美女老闆娘而聞名。主要提供串烤、當令蔬菜及海鮮天婦羅、海鮮料理，其中又以辣明太子天婦羅最受歡迎。

☎090-1368-5875 🏠福岡市博多区中洲1-8 ⏰17:30～翌1:00 🈺不定休 🅿無 🚇地下鐵中洲川端站步行10分 MAP 別冊7 C-4

前往中洲、長濱的交通方式

中洲的屋台分布在地下鐵中洲川端站步行7分的範圍內。前往長濱可從JR博多站或天神搭乘行經那の津通り的西鐵巴士在港一丁目下車，步行即到。

蝦、魚、蓮藕等9種食材的天婦羅拼盤1300日圓

炒拉麵750日圓，經典的福岡屋台美食

以炭爐精心燒烤的各式串烤100日圓～

炒肉嘴950日圓，有味噌及鹽味2種口味

位於那珂川畔的老字號屋台

```
menu
蝦蝦    700日圓
烤土雞腿肉 600日圓
烤物    500日圓～
```

美味料理及濃厚人情味遠近馳名

屋台もり ‖中洲‖ やたいもり

創業40年，老闆的熱情與美味料理深受好評的屋台。招牌菜為現炸天婦羅。除了沙鮻、海鰻外，還有使用當令食材製作的天婦羅。

⌂福岡市博多区中洲4 ⏱18:00～翌2:00前後 ⊗週日
Ⓟ無 ‼地下鐵中洲川端站步行5分
MAP 別冊7 C-4

也有許多外國客人

```
menu
長濱拉麵   550日圓
炭火烤土雞頸肉 700日圓
炙烤明太子  450日圓
```

在歡樂的店內享用福岡美食

長浜満月 ‖長濱‖ ながはままんげつ

每天都高朋滿座，聚集了不分年齡、國籍顧客的人氣屋台。福岡屋台常見的「炒拉麵」也是這裡的人氣料理。不論正餐類或下酒菜都值得推薦。

☎080-3963-1105 ⌂福岡市中央区長浜3-14
⏱18:30～翌2:00 ⊗週一（逢假日需洽詢）Ⓟ無
‼港一丁目巴士站即到 MAP 別冊4 A-2

中洲地區的屋台較多上班族造訪，年齡層較為成熟；長濱地區的屋台則建得較為寬敞，有許多可以悠閒喝酒的店家。

濃郁口味or清爽口味？
正統豚骨拉麵

福岡的拉麵以乳白色豚骨湯頭為主流。
香醇的濃郁口味、溫順的清爽口味⋯
正統發源地的每家店，都有各自的獨到特色。

0.85mm的極細麵與
清爽湯頭非常搭

拉麵600日圓
有嚼勁的極細麵裹滿了以傳統
製法做成的湯頭

Shin-Shin 天神本店

‖**天神**‖シンシンてんじんほんてん

最大特色是0.85mm的極細麵，即使
在博多也算是非常細。湯頭是以豚骨
為底，加入雞骨與蔬菜，反覆撈去浮
沫熬煮而成。看起來雖然濃郁，滋味
卻非常清爽。

☎092-732-4006 ⌂福岡市中央区天神
3-2-19 ⏰11:00〜翌2:45 ㊡週日，逢連
假則最後一日休 Ⓟ無 ‼西鐵福岡（天神）
站步行8分 MAP別冊8 F-1

放有叉燒及蔥
花的炒飯650日
圓

牆上滿是曾前來光
顧的藝人簽名

造型獨特的罕見餐盒碗公裡
裝的是醬汁專家的自信之作

釜醬豚骨拉麵790日圓
碗公是做成餐盒造型的有田燒
器皿，希望藉此讓國外顧客也
能了解日本傳統

一蘭 天神西通店

‖**大名**‖いちらんてんじんにしどおりてん

日本全國各地的一蘭拉麵中唯一一家
吃得到「釜醬豚骨拉麵」的店。能品
嘗到由專門的醬汁職人精心研究所打
造出，甘甜鮮美、香醇芬芳的特別之
作。

☎092-713-6631 ⌂福岡市中央区大名
2-1-57 ⏰10:00〜翌7:00 ㊡無休
Ⓟ無 ‼西鐵福岡（天神）站步行5分
MAP別冊8 E-3

採獨立隔間式
的座位設計，
讓顧客能專注
於品嘗拉麵滋
味

「博多拉麵」與「長濱拉麵」

福岡的拉麵通稱為「博多拉麵」，而其中以乳白色豚骨湯頭搭配極細直麵的組合由於是起源於長濱地區，因此這種拉麵被稱為「長濱拉麵」。

放上了超厚叉燒的
限定拉麵

炙烤豬頰肉叉燒麵
1030日圓
放了滿滿的厚切叉燒、豆芽與青蔥，讓人吃了超滿足

博多だるま
‖渡邊通‖はかただるま

福岡市內代表性的濃郁口味拉麵店。香濃湯頭與極細麵非常搭。炙烤豬頰肉叉燒麵上放的叉燒是以一頭豬僅能取下300g的豬頰肉做成，非常受歡迎。

☎092-761-1958 介福岡市中央区渡辺通1-8-25 ⏰11:30～24:00 困無休 Ｐ無 ‼地下鐵渡邊通站步行5分 MAP別冊4 B-3

位於從渡邊通拐進的小巷

製作極為講究的
博多豚骨拉麵

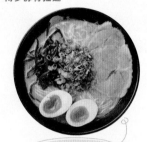

味玉拉麵800日圓
濃縮了豚骨鮮甜的湯頭雖然濃郁，但後味清爽

博多 一幸舍 博多本店
‖博多‖はかたいっこうしゃはかたほんてん

湯頭是以名為「呼び戻し」的特殊製法熬煮而成，兼具清爽口感與濃烈滋味。自製的細麵、叉燒等都考量到與湯頭的搭配，可說是投注了老闆心血的拉麵。

☎092-432-1190 介福岡市博多区博多駅前3-23-12光和ビル1F ⏰11:00～23:30（湯頭售完打烊，週日為～21:00）困無休 Ｐ無 ‼JR博多站步行4分 MAP別冊5 B-1

東京、大阪、海外各地也開設了30家分店

深受在地常客喜愛
豚骨拉麵的起點

拉麵500日圓
極細麵裹滿了以豬肋條及前腿骨熬煮約12小時而成的湯頭

元祖 長浜屋
‖長濱‖がんそながはまや

長濱拉麵的始祖。僅提供拉麵一種品項，店家會依來店人數煮麵，只需告知店家「硬」、「軟」等自己喜歡的麵條硬度即可。一般會提供普通硬度的麵條。

☎092-711-8154 介福岡市中央区長浜2-5-38トラストパーク長浜3 1F ⏰4:00～翌1:45 困無休 Ｐ無 ‼港一丁目巴士站即到 MAP別冊4 A-2

位於魚市場附近

麵條會因店家而有「很硬」、「硬」、「軟」等各種不同的硬度，如果不知道如何選擇的話可請教店家。

讓您隨心所欲自由挑選的
拉麵&人氣單品料理

去拉麵店除了豚骨拉麵外，品嘗多了些變化的新口味拉麵和各類副餐也不錯。來看看人氣不動搖的超熱門拉麵店有些什麼吧！

以精心挑選的食材
追求極致美味
麵劇場 玄瑛

‖藥院‖めんげきじょうげんえい

每天吸引顧客大排長龍的秘訣便在於完全使用天然素材煮出的拉麵。調味醬汁是以無添加醬油加上羅臼昆布、鮑魚乾、干貝製作，湯頭則是用豬頭與香料蔬菜慢火熬煮而成。

店內採廚房與客席面對面的設計

☎092-732-6100　🏠福岡市中央區藥院2-16-3　🕐11:30～17:00、18:00～翌0:30（週日、假日為11:30～17:00、18:00～22:00，售完打烊）　🈺無休　Ｐ無　🚇地下鐵藥院大通站步行5分　MAP別冊9 C-4

基本款

or

玄瑛流拉麵750日圓。麵條是以近乎一般2倍的47％加水率製成，並會醒麵一週。嚼勁十足，與湯頭非常搭

大名本店限定款拉麵
不可錯過
一風堂 大名本店

‖大名‖いっぷうどうだいみょうほんてん

除了日本國內，還在海外12個國家展店的一風堂便是由此發跡。「元祖白丸元味」、「元祖赤丸新味」重現了創業之初濃郁的博多拉麵滋味，全日本只有大名本店吃得到這2款拉麵。

可自由添加紅薑及豆芽

☎092-771-0880　🏠福岡市中央區大名1-13-14　🕐11:00～23:00（週五、假日前為～24:00，週六為10:30～24:00，週日、假日為10:30～23:00）　🈺無休　Ｐ無　🚇西鐵福岡（天神）站步行8分　MAP別冊8 E-3

基本款

or

元祖白丸元味720日圓。博多一風堂拉麵的原點。帶有小麥香氣與嚼勁的極細麵外裹著法式濃湯般的濃醇湯頭。

100％豚骨的
標準款拉麵
めんくいや 博多站東店

‖博多‖めんくいやはかたえきひがしてん

於1980年創業，本店位於福岡市中央區渡邊通。湯頭雖然是100％豚骨熬製，但沒有腥臭味，口味清爽。經長時間燉煮，最後以噴槍炙烤的叉燒香氣撲鼻，口感軟嫩。

餐桌上都放有紅薑及辣高菜

☎092-474-7160　🏠福岡市博多區博多驛東2-9-5　🕐11:00～23:30（週日為～16:00）　🈺無休　Ｐ有　🚇博多站步行5分　MAP別冊5 C-1

基本款

or

拉麵570日圓。自製的麵條為細直麵，很有咬勁。加點辣高菜進去味道也很棒

不想排隊的話

只要是上過電視或雜誌的熱門店家，用餐時間可能
都得排隊。建議可以稍微避開用餐時間，或是挑在
開店後就來。

攀花樣

潮薰 醬油拉麵850日
圓。使用烤飛魚及柴
魚片等製成的和風高
湯中，添加點餐後現
做的香蔥油

推薦加點

menu

海老薰 醬油拉麵 900日圓
玄瑛流沾醬麵 950日圓

全日本最講究的生雞蛋拌飯350日
圓。幾乎所有客人必點的人氣料理。
每天從廣島採購來的雞蛋營養豐富，
呈現鮮豔的橘黃色

攀花樣

元祖赤丸新味820日
圓。加入了自製香油與
辣味噌，以追求更豐富
有深度的滋味。開創了
博多拉麵可能性的一風
堂自信之作

推薦加點

menu

白飯 100日圓
加麵 130日圓
加料 100日圓～
※平日11:00～15:00有提供
超值午餐。

大名本店獨創的明太子飯360
日圓。白飯上放有明太子、海
苔、高麗菜

攀花樣

叉燒麵780日圓。叉燒
是以靈感得自蒲燒鰻的
醬汁長時間燉煮而成

推薦加點

menu

下酒叉燒肉 450日圓
肝連鐵板燒 700日圓
起司餃 480日圓

叉燒蓋飯450日圓。重口
味的叉燒與白飯非常搭

麵劇場 玄瑛除了生雞蛋拌飯外還有豬五花飯及茶泡飯等副餐。

同樣是在地人熱愛的話題美食
五花八門的博多烏龍麵

博多烏龍麵的特色是帶有大量高湯的柔軟麵條，
而且從傳統到新穎的創意口味都有，
能體驗到福岡多采多姿的烏龍麵文化。

牛蒡天婦羅
烏龍麵520日圓
以口味較清淡而充滿鮮甜味的湯頭搭配稍軟的麵條。片成條狀的牛蒡口感爽脆

推薦菜單	
辣明太子烏龍麵	830日圓
烏龍冷麵	620日圓

傳統的帶勁軟麵
かろのうろん
‖上川端町‖

博多腔中的烏龍麵為うろん（URON）。守護著1882年創業以來代代相傳的味道，麵條口感帶勁、彈性適中，滑順好入喉。高湯發揮了羅臼昆布的風味，清淡爽口。

☎092-291-6465 ⌂福岡市博多區上川端町2-1 ⏰11:00～19:00(售完打烊) 休週二（逢假日則翌平日休）
Ⓟ無 ⬇地下鐵中洲川端站步行7分
MAP 別冊5 A-1

店家就在櫛田神社旁

酢橘湯烏龍麵650日圓
帶有酢橘清爽滋味的冷高湯與滑順好入喉的麵條非常搭

新品種Q彈烏龍麵
釜喜利うどん
‖大名‖かまきりうどん

麵條帶有介於博多烏龍麵與讚岐烏龍麵之間的Q彈口感，並藉著在嚴格的溫度管理下醒麵8小時，打造出巧妙的滑順入喉感。有各式冷熱烏龍麵可供選擇。

☎092-726-6163 ⌂福岡市中央區大名1-7-8 ⏰11:00～22:00 休週二、第3週三
Ⓟ無 ⬇警固町巴士站即到
MAP 別冊9 C-3

推薦菜單	
釜揚烏龍麵	650日圓
壽喜燒烏龍麵定食	1600日圓

店內有吧檯座與桌席

烏龍麵、蕎麥麵的發源地

位於博多區的承天寺 **MAP** 別冊4 C-2立有烏龍麵、蕎麥麵發源地的石碑。據傳聖一國師從宋代中國帶回了製粉技術於此地傳授，因此產生了博多是烏龍麵、蕎麥麵發源地的說法。

強烈帶勁的薑味
吃了會上癮

元祖肉肉うどん

‖上川端町‖がんそにくにくうどん

放有特製生薑的烏龍麵是招牌餐點。配合生薑製作的湯頭是海鮮與肉類的綜合高湯，口味清爽。稍帶咬勁的麵條吃起來讓人十分滿足。

☎092-282-0966 ⌂福岡市博多区上川端町5-106 ⏰11:00～23:45（週日、假日為～19:45）㊡不定休 ㋟無 🚉地下鐵中洲川端站步行7分 **MAP**別冊6 D-4

也有許多女性顧客造訪

肉肉烏龍麵600日圓
以清爽的湯頭搭配帶咬勁的麵條，牛五花肉與生薑也是絕配。點餐時可以依喜好調整生薑量

推薦菜單	
加點牛蒡天婦羅	750日圓
炸雞（3塊）	350日圓

武士烏龍麵980日圓
2條約15cm的牛蒡天婦羅有如武士刀，營造出「武士」的威覺。放有牛蒡天婦羅、蓮藕、牛肉等，料多實在

大膽造型讓人印象深刻

侍うどん

‖博多‖さむらいうどん

老闆相馬先生吃遍日本各地的烏龍麵後所打造出的烏龍麵，是福岡少見的扁麵。麵條為調和了口感Q彈與富嚼勁的2種麵粉所製成，滑順好入喉。

店家位在從博多站步行約15分鐘處

推薦菜單	
醬汁豬排蓋飯	500日圓
武士香辣咖哩	700日圓

☎092-483-6300 ⌂福岡市博多区博多駅前4-36-20 ⏰12:00～14:00、18:00～22:30 ㊡週六、假日中午、週日 ㋟無 🚌美野島一丁目巴士站即到 **MAP**別冊4 C-3

元祖肉肉うどん在藥院也有店喔。

享用剛上岸的新鮮漁獲
玄界灘的愜意午餐

福岡市北方的玄界灘可說是海產的寶庫。
以下介紹的精選店家，都能品嘗到活跳跳又美味的海鮮料理，
讓你輕鬆享用一頓豐盛午餐。

精通海鮮的老饕也愛來的老字號食堂

↑附湯品的海鮮蓋飯1750日圓，可品嘗到7、8種厚切生魚片
→海苔捲裡非常奢侈地包著切塊的鯛魚、鮪魚、花枝、章魚，890日圓

推薦午餐

店內有吧檯座、桌席、和式座位等合計75席座位

おきよ
‖ 長濱 ‖

位在魚市場旁的鮮魚市場會館內。因魚市會館內的店家擁有在競標前先一步採購魚貨的特權，能品嘗到物美價廉的海鮮便成了這裡的一大魅力。

☎092-711-6303 🏠福岡市中央区長浜3-11-3 🕐6:00〜14:00（市場公休日與週日、假日為11:00〜）、18:00〜21:30 🈺第1、第3週日 🅿有 🚉地下鐵赤坂站步行10分 MAP別冊4 A-2

以嶄新的料理方式呈現市場直送的海鮮

↑魚男階梯壽司1500日圓，階梯狀的器皿上擺放著鮪魚、鰤魚等9種握壽司
→裏上半熟蛋及山葵美乃滋享用的半熟鮪肚肉漢堡排定食980日圓

推薦午餐

店內裝潢以紐約的居酒屋為概念

博多炉端・魚男
FISH MAN
‖ 今泉 ‖ はかたろばたフィッシュマン

以地產地消為理念的爐端燒店。使用每天早上從長濱市場採購的新鮮漁獲，以及糸島、佐賀縣七山採收的蔬菜製作出各式創意料理。

☎092-717-3571 🏠福岡市中央区今泉1-4-23 🕐11:30〜24:00 🈺無休 🅿無 🚉今泉一丁目巴士站步行5分 MAP別冊4 B-3

晚間菜單

| 鯛魚涮涮鍋 1人份2000日圓 |
| 鰤魚涮涮鍋 1人份2000日圓 |
| 河豚全餐 1人份 6000日圓 |

※2人份以上才能點餐

晚間菜單

| 著式水煮本日鮮魚 1580日圓〜 |
| 熱活醬沙拉 2人份 1100日圓〜 |
| 和牛五花馬鈴薯燉肉 780日圓 |

美味料理都在這！

豐富的海產是福岡的驕傲

緊鄰福岡市的玄界灘是有豐富漁獲的絕佳漁場。魚市場隨處可見當令海產，餐廳的廚房也都使用活跳跳的新鮮漁獲烹調出各式佳餚。

提供來自全國的美味海產

推薦午餐

↑二色蓋飯套餐1590日圓。鯛魚茶泡飯可依喜好加上米菓、柚子胡椒、芝麻等佐料
→放有海膽、鮭魚卵、真鯛的磯らぎ海鮮蓋飯1890日圓是搭配店家自製的芝麻醬汁享用

海鮮丼・茶漬け 磯らぎ

‖博多‖ かいせんどんちゃづけいそらぎ

提供使用九州捕獲的海產製成各式餐點。二色蓋飯套餐可以同時吃到放有8種魚貝類的海鮮蓋飯，以及淋上飛魚高湯享用的鯛魚茶泡飯，分量十足。

☎092-409-6637
⌂福岡市博多区博多駅中央街1-1 アミュプラザ博多9F
🕐11:00～22:00 ⊞無休
🅿有 🚉博多站步行即到
MAP別冊5 B-1

店內採白色與木質裝潢為主的摩登設計

晚間菜單	
無添加明太子	510日圓
紅燒鯛魚頭	950日圓
綜合生魚片	1590日圓

「鯛魚茶泡飯」是口耳相傳的絕品美食

推薦午餐

↑鯛魚茶泡飯1080日圓。從飯碗及茶壺已事先溫熱過等細節，可看出店家無微不至的用心。以碎鯛魚肉做成的鯛魚香鬆60g864日圓，120g1620日圓，適合買來當作手禮

割烹よし田

‖天神‖ かっぽうよしだ

最著名的美食是有50多年傳統的鯛魚茶泡飯。有炊煮米飯30年經驗的師傅所煮出的米飯鬆軟可口，沾滿了密傳醬汁的近海產鯛魚吃起來倍感鮮甜。

☎092-721-0171
⌂福岡市中央区天神1-14-10
🕐11:30～14:00、17:00～21:30 ⊞週日、假日 🅿無 🚉地下鐵天神站即到 MAP別冊7 B-2

※附鯛魚茶泡飯的宴席料理為5400日圓～

1樓為桌席，2、3樓則有包廂、宴會廳

晚間菜單	
呀子活花枝	時價
鄉鯛魚	7560日圓
宴席料理	4320日圓～

おきよ所在的長濱鮮魚市場在每月第2週六會開放中盤商賣場棟，還能欣賞到鮪魚解體秀喔。

美味鮮魚料理讓人酒興大發
今晚就沉浸在微醺的感覺中吧

今晚就造訪有精選美酒與豐盛下酒菜的店家吧。
先品嘗適合搭配燒酎、日本酒的當令生魚片，
再來好好享用以美味海鮮烹調的煮物、天婦羅、燒烤吧。

以海產的新鮮度
與品質自豪

ふじけん 大名店
‖大名‖ふじけんだいみょうてん

由創業超過50年的鮮魚店所經營，海產的新鮮度備受好評，更加突顯日本酒及燒酎的風味。在各式豐富料理當中，吃得到7、8種厚切生魚片的綜合生魚片讓人很有滿足感。

☎092-732-8007 🏠福岡市中央区大名1-10-22マーベラス大名1F
🕐18:00～翌0:30 🈲週日(逢連假則休最後一日) 🅿無
🍴地下鐵赤坂站步行5分
MAP 別冊8 D-3

■集合了各種當令海產的綜合生魚片一人份1404日圓 ■寫著大大的「魚」的招牌十分醒目 ■店內有和式座位與吧檯座

推薦菜單

手工豆腐	432日圓
蠑螺配法國麵包	918日圓
海鮮芝麻茶泡飯	1026日圓

■寬敞的吧檯座 ■藍色招牌與燈籠為註冊商標 ■前方為吃得到鯛魚、黃條鰤等天然魚的無菜單綜合生魚片不含稅2700日圓起

推薦菜單

味噌烤旗鯛	1058日圓
帶殼烤蠑螺	1080日圓

從2家魚市場精挑細選出
各式生猛海鮮

ろばた焼 磯貝 天神店
‖今泉‖ろばたやきいそがいてんじんてん

可品嘗到以玄界灘及鄰近海域捕獲的海鮮所製作的生魚片、燒烤、煮物等各式佳餚。店家會在店內2處魚市場參與競標，因此店內海產不僅種類多，新鮮度也沒話說。由於是人氣名店，建議事先訂位。

☎092-732-3349 🏠福岡市中央区今泉1-12-23西鐵今泉ビル1F
🕐17:30～翌0:30 🈲不定休
🅿無 🍴西鐵福岡(天神)站步行到 MAP 別冊8 F-4

如何挑選九州的經典燒酎

最常見的番薯燒酎及麥燒酎都有順口、好入喉的品牌。有些地方還有少見的昆布或紫蘇燒酎，不妨向店家請教。

1 沙丁魚肉夾有梅肉與紫蘇的炸梅肉沙丁魚380日圓 **2** 店面是老宅改裝而成 **3** 有8種海鮮的豪華生魚片一份1950日圓

3

推薦菜單

自製甜不辣（1片）	280日圓
海鮮米粉	650日圓

品嘗玄界灘及有明海產的美味漁獲

海鮮食堂 すいか

‖**大名**‖かいせんしょくどうすいか

以分量十足的海鮮料理贏得高人氣。綜合生魚片吃得到在地當令海產，而且可以請店家依個人預算及喜好做搭配。另外還有自製甜不辣、海鮮米粉等豐富多樣的創意料理。

☎092-731-2332 🏠福岡市中央区大名1-10-19 ⏰18:00～24:00 🈲週日（連連假則休最後一日）🅿無 🍴西鐵福岡（天神）站步行12分 MAP別冊8 D-3

木盒風格綜合生魚片能品嘗到8種海鮮

磯ぎよし 天神店

‖**舞鶴**‖いさぎよしてんじんてん

寬闊的吧檯前擺滿了當地及長崎的平戶、五島上岸的海鮮。就先從裝在木盒內的8種綜合生魚片開始，盡情品嘗在地人自豪的新鮮玄界灘海產吧。

☎092-726-6302 🏠福岡市中央区舞鶴1-9-23 エステートモアマンション1F ⏰18:00～0:00（週五為～翌1:00，週六、日為17:00～）🈲不定休 🅿無 🍴地下鐵天神站步行7分 MAP別冊8 E-1

1

2

推薦菜單

志志伎產天然石斑魚鍋	
（1～2人份）	3218日圓
福岡滿喫全餐	5000日圓

3

1 綜合生魚片1～2人份1980日圓與活花枝切片1680日圓～（圖為2～3人份）**2** 紅燒極上對馬產赤鯥2980日圓 **3** 位於從親富孝通拐進的小巷內

不妨多留意春天的明蝦、鯖魚，冬天的鰤魚、牡蠣等各季節的當令海產。

從正統派到自在休閒派
感受當前福岡風格壽司

有美味海鮮的地方，自然會有美味的壽司店。
不論是坐在吧檯欣賞壽司師傅精湛的技巧，
或是在隨興的店裡自在品嘗壽司都充滿樂趣。

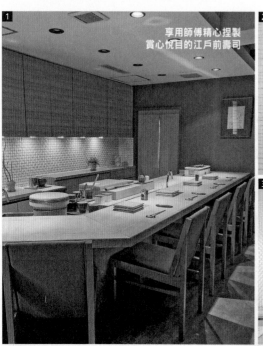

享用師傅精心捏製
賞心悅目的江戶前壽司

鮨 巳之七
‖藥院‖ すしみのしち

能在此品嘗到曾於東京及福岡的名店習藝的老闆捏製的握壽司。僅提供無菜單全餐，因此除了握壽司外，還會有當令食材製作的小菜及單品料理等依序端上桌。黃雞魚搭配醬油醃山葵莖、醋漬鯖魚加上甜醋醃蕪菁與柚子等，結合了當令漁獲與蔬菜的握壽司有如藝術品般美麗。

嘗得到微微日本
酒風味的春季蔬
菜與海鮮拌酒糟

❶整家店由老闆一人打理，因此僅有6席吧檯座 ❷握壽司是以特別訂製的有田燒餐皿裝盛 ❸慣邁的老闆手法十分美妙 ❹放有各式各樣器皿及料理用具的開放式廚房 ❺外觀簡潔而高雅

menu
無菜單全餐
8640日圓・10800日圓

正統派 ☎092-716-2520 🏠福岡市中央区藥院2-18-13 🕐18:00～22:00(打烊) 困週一 🅿無 ‼藥院二丁目巴士站步行10分 MAP別冊9 C-4

別忘了品嘗時令美味

有些店家即使沒有菜單，也還是會依季節準備當地的時令漁獲，可以向店家詢問當時最推薦的是哪種海鮮。

博多的代表性名店

❶以美麗刀工裝飾的握壽司。鮪肚肉一貫2160日圓（時價），花枝一貫540日圓 ❷打至發泡的蛋白中加入整顆蛋、鯛魚漿與蝦漿烘烤而成的「ぎょく」，一個432日圓

寿司 日本料理 河庄
‖ 西中洲 ‖ すしにほんりょうりかわしょう

1947年創業的壽司割烹店。享用每天更換不同菜色的煮物、燒烤、醋漬料理與下酒菜，最後再以壽司收尾是河庄特有的風格。

正統派 ☎092-761-0269 ⌂福岡市中央区西中洲5-13 ⏰11:00～15:00、17:00～23:00（週六、假日為11:00～23:00）㊡週日 Ｐ無 🚇地下鐵中洲川端站步行5分 MAP別冊7 B-3

散發穩重氣息的吧檯座

壽司料大塊又新鮮

❶能吃到鮪肚肉、烤海鰻、海膽、牡丹蝦等10貫壽司的「本日特選壽司」附魚肉湯2970日圓 ❷姐妹店位於SOLARIA STAGE的地下2樓

ひょうたん寿司
‖ 天神 ‖ ひょうたんずし

使用從長濱市場採購來的當令漁獲製作壽司。1貫210日圓的烤海鰻是1日可賣出300個以上的知名人氣壽司。

休閒派 ☎092-711-1951 ⌂福岡市中央区天神2-10-20天閣ビル2・3F ⏰11:30～14:30、17:00～21:30 ㊡無休 Ｐ無 🚇地下鐵天神站步行即到 MAP別冊8 F-3

與架式十足的店員們閒話家常別有樂趣

提供獨創的創意壽司與割烹料理

❶這裡的壽司基本上不使用醬油，鯛魚搭配鰻魚、生海鰻搭配鹽辛鯛魚的絕妙搭配令人讚嘆 ❷魚翅茶碗蒸1620日圓是著名的佳餚

たつみ寿司 総本店
‖ 下川端 ‖ たつみずしそうほんてん

可在此品嘗到壽司與割烹料理的搭配組合。鮪肚肉搭配大蒜片等充滿巧思的壽司令人期待。

休閒派 ☎092-263-1661 ⌂福岡市博多区下川端町8-5 ⏰11:00～21:30 ㊡無休 Ｐ無 🚇地下鐵中洲川端站步行即到 MAP別冊6 D-2

2樓的吧檯座。吧檯座及包廂的設計也非常用心

ひょうたん寿司的姐妹店—「ひょうたんの回転寿司」（MAP別冊7A-3）也是排隊名店。一盤140日圓～630日圓左右。

美麗的秘訣就在於滿滿的蔬菜
在地人最愛的經典肥腸鍋

具備便宜、美味、分量十足三大優點的肥腸鍋，
是誕生於福岡的知名料理。堆成小山般的韭菜或高麗菜
不僅讓人吃了充滿活力、還能養顏美容，不論哪個季節都讓人食指大動。

鹽味牛尾肥腸鍋1人份1400日圓，2人以上開鍋。湯底是以日本產牛的牛尾熬煮6小時而成

醬油口味肥腸鍋1人份1180日圓，可依人數點餐。切成大片的博多牛蒡口感很棒

可以品嘗到5種口味的嚴選極上牛腸
もつ鍋 慶州 西中洲店
‖ 西中洲 ‖ もつなべけいしゅうにしなかすてん

以醬油、白味噌、鹽味牛尾、博多醬油等4種肥腸鍋及岩燒牛雜著稱。這家店是由老牌燒肉店所經營，因此能從獨家管道購入高品質的肥腸。煮進了肥腸鮮甜滋味的湯頭十分美味。

☎092-739-8245 ⌂福岡市中央区西中洲2-17 ⏰17:00～翌0:00 ㊡無休 Ⓟ無 🚃西鐵福岡（天神）站步行10分
ᴹᴬᴾ別冊7 B-4

❶1樓為桌席，2樓有日式圍爐座位 ❷最後推薦以冬粉般的韓式麵條「チャプチェ」（1人份320日圓）收尾。選擇白飯、長崎強棒麵、烏龍麵也OK

創業31年的老字號肥腸鍋店
もつ鍋 笑楽本店
‖ 西中洲 ‖ もつなべしょうらくほんてん

提供「醬油」、「白味噌」、「辣味噌」、「鹽味」4種口味的肥腸鍋。肥腸使用的是直接從肉品批發商進貨的日本國產牛小腸，並選福岡產韭菜、高麗菜、牛蒡。每日營業的午餐時段最推薦的是肥腸鍋定食（1100日圓）。

☎092-761-5706 ⌂福岡市中央区西中洲11-4 ⏰12:00～24:00（週六、日、假日為12:00～14:30、16:00～24:00）㊡無休 Ⓟ無 🚃西鐵福岡（天神）站步行7分 ᴹᴬᴾ別冊7 B-4

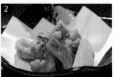

❶店面共有3層，2樓為桌席，3樓則有日式圍爐座位 ❷炸得香脆又帶有嚼勁的炸瘤胃850日圓

一鍋可品嘗兩種美味

將煮進了火鍋料鮮甜滋味的湯頭留到最後，可以放入麵或飯做收尾。即使不小心把湯煮乾了，也無法追加湯頭，因此請多加注意。

1人份1534日圓的田しゅう鍋，2人以上開鍋。混和了5種味噌調製出的湯頭帶有韓式藥念醬的辣味

1人份即可開鍋的肥腸鍋990日圓。吸收了大量醬油口味湯底的肥腸分量有如一座小山。肥腸含有滿滿的膠原蛋白及維生素

日本國產和牛肥腸軟嫩無比
もつ鍋 田しゅう
‖**大名**‖ もつなべたしゅう

肥腸鍋共有醬油、味噌、水炊鍋風與使用了辣味噌的「田しゅう鍋」等4種口味。肥腸僅使用日本國產和牛的小腸，並在能品嘗到最佳美味的狀態下呈現給顧客。

☎092-725-5007 🏠福岡市中央区大名1-3-6フラップスビル102 🕐17:00～翌0:30 🈲不定休 🅿無 ‼地下鐵天神站步行7分 MAP 別冊8 D-3

在日本全國帶起肥腸鍋熱潮的名店
博多名物もつ鍋専門店 元祖もつ鍋 楽天地 天神本店
‖**天神**‖ はかためいぶつもつなべせんもんてんがんそもつなべらくてんちてんじんほんてん

於1978年創業。鍋吃到最後會送上長崎強棒麵，引爆肥腸鍋熱潮的名店。講究之處在於醬油底的濃稠湯頭與6種新鮮肥腸。不論本地外地都有許多忠實顧客。

☎092-741-2746 🏠福岡市中央区天神1-10-14 2～5F 🕐17:00～23:30 🈲無休 🅿無 ‼地下鐵天神站步行即到 MAP 別冊7 A-3

1 店內裝潢以白色為主，氣氛寧靜祥和，有桌席與和式座位
2 副餐的青紫蘇風味明太子562日圓，非常下飯

1 2樓僅有吧檯座，3～5樓為和式座位
2 口味清爽的醋醃肥腸130日圓，最適合稍微轉換一下口味

肥腸鍋以長崎強棒麵收尾是最經典的吃法，不過也可以依自己的喜好選擇義式燉飯或韓式的チャプチェ麵等。

入口瞬間就被美味湯頭所擄獲
雞肉鮮美滋味滿溢的水炊鍋

誕生於福岡的水炊鍋據說是明治時代所發明的。
慢火燉煮口味豐富的帶骨土雞肉而成的湯頭，
滿是鮮甜好味道，讓人無法自拔。

從大正時代經營至今的名店

岩戶屋

‖大名‖いわとや

創業於1916年。水炊鍋使用的是
柔軟而帶嚼勁的宮崎產雞肉，有吃
得到帶骨肉的「水炊鍋」、加有絞
肉的「綜合鍋」，以及放入了雞腿
肉、絞肉、雞胗的「湯炊鍋」。雞
肉壽喜燒（一人份2268日圓）、
炸雞（324日圓）也是人氣餐點。

☎092-741-2022
⌂福岡市中央区大名1-12-38
岩戶屋ビル5F ⏰17:30〜
22:00 ㉡週日 Ⓟ無 ♨地下鐵
赤坂站步行5分 MAP別冊8 D-2

→綜合鍋一人份2268日圓。仔細撈去了浮沫的
湯頭清澈見底
↓吃完火鍋後的雞炊套餐有白飯、蔥、醃漬
物、雞蛋，一人份324日圓

POINT

軟嫩的雞肉與加了苦橙的
自製椪醋是絕配。最後也
可以選擇烏龍麵或拉麵來
收尾。

約30張榻榻米大的和
式座位區可坐50人

店家位於3層樓的建築
內，設有桌席與和式座位

店內擺放了300張以上的簽
名紙板

POINT

以帶皮雞腿肉做成的絞肉
在經過熬煮後，仍保有柔
軟而富彈性的口感。

土雞水炊鍋附絞肉一人份4700日圓。將乳白色湯頭送入口中可品嘗到順口而豐
富的滋味

追求極致美味的簡單水炊鍋

博多味処 いろは

‖川端‖はかたあじどころいろは

口味傳承了四代的水炊鍋與壽喜燒
店。許多名人也是這裡的常客，店
內牆壁上放滿了簽名紙板。招牌的
水炊鍋是以離子水炊煮佐賀縣的
「赤どり」雞肉，僅用鹽調味，簡
單帶出土雞的鮮美滋味。

☎092-281-0200
⌂福岡市博多区上川端町
14-27いろはビル
⏰18:00〜23:00（需預約）
㉡週一 Ⓟ無 ♨地下鐵中洲
川端站步行即到
MAP別冊6 D-3

首先品嚐湯頭

在將火鍋料下鍋前，先品嚐煮出了雞肉鮮甜味的湯頭是最常見的水炊鍋吃法。

湯頭帶有豐富的品牌雞滋味
水たき長野

‖對馬小路‖みずたきながの

使用以天然飼料飼養的博多品牌雞「華味鳥」的水炊鍋，有使用切塊帶骨肉的「水炊」，以及吃得到絞肉、雞肝、雞腿肉的「湯炊」兩種。店家並以高麗菜取代白菜，避免濃郁的湯頭遭沖淡。

店面鄰近博多灣，環境清幽

☎092-281-2200
⌂福岡市博多区対馬小路1-6 ⏱12:00～21:30
㉺週日 🅿無 🚇地下鐵中洲川端站步行10分
🅼別冊6 D-1

POINT

水炊鍋保持湯頭美味的重點在於以小火烹煮，避免煮滾。

↑同時點水炊與湯炊，放在同一個鍋中烹煮可以讓味道更豐富

→水炊、湯炊皆為一人份2500日圓。店家僅使用脂肪較少，出生後約90日的幼雞肉

↑可看見開放式廚房的吧檯座及桌席
←使用午餐的水炊鍋湯頭製作的親子蓋飯950日圓也很有人氣

中午的水炊鍋附雞炊為3024日圓，晚間全餐為一人份4104日圓～。

POINT

湯頭不是使用雞骨，而是僅以全雞與水熬煮6小時而成，味道濃郁。

大方地使用全雞煮出鮮甜滋味
とり田 博多本店

‖下川端町‖とりでんはかたほんてん

由深受老饕們肯定的廚師奧津啟克所經營的水炊鍋店。傳統鍋物料理使用的是地產地消食材，並帶給客人這家店所標榜的「滿足五官的美味」。餐具使用的是原創的有田燒器皿，店內並像繪畫裝飾著博多山笠的手帕，讓人感受到九州風情。

☎092-272-0920 ⌂福岡市博多区下川端町10-5 博多麵屋番館ビル1F ⏱11:30～21:30 ㉺不定休
🅿無 🚇地下鐵中洲川端站即到
🅼別冊6 D-2

とり田還吃得到各分店限定的人氣餐點，如藥院店 🅼別冊5 B-3以雞肉及湯頭製作的每月午餐、美野島店 🅼別冊5 B-2與KITTE博多店 🅼別冊5 B-1的擔擔麵等。

最適合什麼都想吃的愛吃鬼
種類豐富的串烤

雖然招牌上寫著「雞肉串烤」，但福岡的串烤店還吃得到各式各樣的食材。
以日式、西式等各種手法呈現九州獨有的特色食材，
加上巧妙的火候拿捏，再配上美酒真是最高享受。

和牛壽喜燒串
626日圓
裹上蛋液享用淋有醬汁
的佐賀牛

鹽味雞翅
324日圓
外皮酥脆，還能吃到
鎖在裡面的肉汁

豌豆炸串
270日圓
將豌豆磨碎後過
篩，並用鮮奶油及
蝦肉提味的人氣炸
串

萬願寺青辣椒
270日圓
幾乎吃不到辣味，具
有獨特風味與口感

帶頭蝦
594日圓
大海的鮮味讓人食慾
大開。可以連頭整隻
享用

和牛橫膈膜串烤
540日圓
以備長炭細火慢烤，
肉質柔軟，一口咬下
便能吃到滿滿肉汁

吃得到各種充滿
原創性的串烤

焼きとりの八兵衛
上人橋通店

‖警固‖やきとりのはちべえしょうにんばしどおりてん

除了有約30種串烤外，還吃得到創意懷
石等創作料理，並提供葡萄酒、甜點
等。串烤使用的是佐賀牛及宮崎產土雞
等嚴選食材，再灑上吟釀酒與天然鹽，
以備長炭燒烤。

☎092-732-5379 ⌂福岡市中
央区警固1-4-27KEGOエイトビル
1F ⏰18:00～翌0:30 休無休
P無 ♨地下鐵藥院大通站步行
10分 MAP別冊8D-4

1 店內裝潢走和風摩登路線 2
焦糖冰淇淋與一日限定20份的芝
麻布丁各410日圓。使用和三盆
糖，打造出高雅滋味

menu
自製豆腐啪 626日圓
博多名菜芝麻鯖魚 1004日圓
經品！炸有鴨肝的肉味噌薯
蕷 1490日圓

搭配生高麗菜一起享用

福岡的店在客人點完餐後會先送上生高麗菜，可以淋上醬汁或椪醋，在等待串烤上桌前解解饞，或在吃了串烤後轉換一下口味。

博多代表性的雞肉串燒店

藤よし

‖西中洲‖ふじよし

除了雞肉以外，還吃得到弁天（母豬陰部）、豬心、舌根等珍奇食材。另外也提供生魚片及芝麻鯖魚等海鮮料理。

☎092-761-5692 ⌂福岡市中央區西中洲9-6 ⓛ11:00～14:00、16:00～22:30 休週日與假日中午（若週一逢假日則週日營業，週一休）Ⓟ無 ‼地下鐵天神站步行5分 MAP別冊7 B-3

創業五十年的店家。被磨到發亮的吧檯讓人感受到這裡的歷史

弁天200日圓，豬心200日圓，豬五花300日圓。中午有提供定食及便當

老闆最推薦的是雞肉串燒與博多著名的水炊鍋搭成的套餐「ちょっと膳」2000日圓

menu

肉串燒定食（中午） 750日圓
綜合生魚片 1500日圓
芝麻鯖魚 800日圓

配合食材完美掌控火候

博多こっこ家

‖春吉‖はかたこっこや

提供約23種食材。從表面稍微炙烤，以半生狀態送上桌的雞肉類串烤就能吃出食材的新鮮度。雞皮可選擇鹽味或醬烤口味。另外還有種類豐富的燒酎。

☎092-762-7007 ⌂福岡市中央區春吉2-2-2エステートモア天神スタジオ1F ⓛ18:00～23:00 休週一與每月2次不定休 Ⓟ無 ‼地下鐵天神南站步行10分 MAP別冊5 A-2

距離大馬路有點距離，小巧玲瓏的店家

以自製味噌醬燒烤的丸腸（照片前方），送入口中滿是鮮美滋味

雞肉串燒用的全是日本國產食材。沾山葵享用的雞里肌肉，或是用自製甘甜醬汁燒烤的雞肝等，每一道都好吃！

menu

丸腸 324日圓
雞里肌肉 194日圓
雞肝 140日圓
雞皮 97日圓
炸雞翅 626日圓

父子兩代展現精湛技藝

串皇

‖藥院‖くしこう

包含女性喜歡的創意串烤在內，提供約30種菜色。以使用備長炭的「近距離大火」巧妙帶出食材風味。另有各式海鮮、珍味佳餚及單品料理。

☎092-711-9446 ⌂福岡市中央區藥院1-11-7 Sビル1F ⓛ18:00～22:30 休週一 Ⓟ無 ‼西鐵藥院大通站步行5分 MAP別冊5 C-3

由師傅以手工將食材串起，並仔細燒烤

前方的蔬菜田、右方的生麩田樂各180日圓。小碟內為麴醃鮭魚與鮭魚卵550日圓

考量到與料理的搭配度，包含當季酒款在內，店家常備有20～30種日本酒喔

menu

輕鬆全餐（8道）1200日圓
特選牛舌排 1600日圓
串皇風卡博烤肉串 180日圓

串皇除了卡博烤肉串、香料烤雞、燻鵪鶉蛋等串烤外，還有豐富的創意料理。

像下酒菜般一口接一口
誘人的一口煎餃是啤酒的最佳拍檔

福岡的煎餃多為容易入口的一口大小。
外皮焦黃酥脆，香氣四溢，
吃起來就像零嘴般，不知不覺間就全部吞下肚。

喜愛煎餃的老闆
所精心製作

博多餃子 游心

‖ 住吉 ‖ はかたぎょうざ ゆうしん

由於老闆喜歡吃煎餃，因此索性
自己開店。餃子僅有煎餃，是裝
在鐵鍋內端上桌。餃子皮是以天
然水揉麵，並醒麵一晚後製成，
帶出鮮甜滋味。內餡使用嚴選的
美味豬肉與蔬菜，以及蒜臭味較
少的青森產大蒜。

☎092-282-3553 🏠福岡市博多区住
吉2-7-7ラ・コンチェルト1F ⏰17:00～
24:00 ⏸不定休 🅿有 🚃JR博多站步
行10分 MAP別冊5 A-2

新面CHECK!

↑佐賀縣蘇川島豆腐店的竹筴豆腐及可
選擇鹽味或味噌口味的烤牛雜
→煎餃7個410日圓，凝結了蔬菜及豬
肉的美味。使用的水、鹽、醬油等各
種材料都經過精心挑選

menu
川島竹筴豆腐 540日圓
牛雜（鹽味・味噌）950日圓
醋醃肥腸 540日圓

滿滿蔬菜的
健康煎餃

テムジン 大名店

‖ 大名 ‖ テムジンだいみょうてん

堅守著創業以來的口味的一口煎
餃專賣店。內餡使用牛肉，並混
入切碎的韭菜、薑、洋蔥等17種
食材與香辛料。店面位於商店群
集的大名，有許多女性顧客光
顧。

☎092-751-5870 🏠福岡市中央区大
名1-11-4 ⏰17:00～翌0:30（週六為
11:00～、週日、假日為11:00～
23:30）⏸週二（逢假日則前日或翌日
休）🅿無 🚃西鐵福岡（天神）站步行8
分 MAP別冊8 E-3

新面CHECK!

↑從餃子皮、餡料的製作到包餃
子全都是手工
→煎餃10個480日圓，搭配在醋醬
油中加入柚子胡椒做成的醬汁品
嚐。大蒜用得較少，口味清爽，有
的顧客甚至能一次吃50個以上

menu
炸雞翅（2隻）650日圓
炒飯 650日圓
牛雜鐵板燒 840日圓

等待煎餃上桌時的下酒菜
煎餃專賣店幾乎都是傍晚開始營業，如果想吃煎餃以外的單品料理，推薦選擇醋醃肥腸或雞翅等常見的副餐。

中式屋台風居酒屋的招牌料理

餃子屋 弐ノ弐 今泉店

‖今泉‖ ぎょうざやにのにいまいずみてん

平民路線的居酒屋，太陽下山後，便會看到店門口的開放式露臺坐滿客人的熱鬧景象。招牌料理是一口大小的煎餃，湯餃、水餃、大陸四川火鍋等也很受歡迎。

☎092-739-5022
合福岡市中央区今泉2-4-33エステートモア今泉1F ⏰17:00～23:30 困無休 P無 ‼警固一丁目巴士站步行即到 MAP別冊8 D-4

上人橋通最為熱鬧的中式屋台風居酒屋

menu
湯餃6個 350日圓
水餃6個 300日圓
大陸四川火鍋 1800日圓

煎餃7個250日圓。以獨家比例混合豬肩里肌、五花、豬背油做成餡料

完美融合14種材料的美味

旭軒

‖博多‖ あさひけん

為了煎出酥脆口感，外皮較薄，餡料則使用14種食材。蔬菜的比例較肉多，並且吃得到明顯蒜味。醬油口味的雞翅也是人氣佳餚。

☎092-451-7896 合福岡市博多区博多駅前2-15-22
⏰15:00～24:00 困週日（翌日逢假日則營業，週一休）
P無 ‼JR博多站步行即到
MAP別冊5 B-1

前身為屋台，創業超過60年的煎餃專賣店

menu
雞翅1隻 90日圓
水餃10個 350日圓
醋醃肥腸 240日圓

煎餃10個附高麗菜絲350日圓。吃起來十分清爽，還能轉換一下口味

堅持鐵鍋風格的老店

鉄なべ 荒江本店

‖荒江‖ てつなべあらえほんてん

從創業以來始終堅持將煎餃裝在鐵鍋內端上桌的風格。這樣可以讓餃子不容易冷掉，到最後吃起來都還熱呼呼。許多客人都偏愛定食，因此調味較重，讓煎餃更下飯。

☎092-841-1549 合福岡市早良区荒江3-10-4
⏰17:00～24:00 困週一（逢假日則翌日休）
P有 ‼福陵町巴士站步行3分
MAP別冊3 C-4

紅胡椒的辣味與清爽香氣讓筷子停不下來

menu
韭菜炒豬肝 594日圓
蛤蜊味噌湯 378日圓
雞翅 270日圓

煎餃9個540日圓。由於鐵鍋較厚，導熱慢。店家以長時間仔細煎出油炸般的酥脆口感

據說福岡是小尺寸的一口煎餃的發源地。是女生也能當作零嘴般享用的美食。

在美食雲集的天神
享用豐盛晚餐

服飾商場及大型百貨公司林立的天神地區
也聚集了眾多能嘗到福岡在地滋味的餐廳。
從和食到洋食，內行人才知道的名店也隱身於此。

重視季節感的爐端燒
炉端 百式
‖警固‖ろばたひゃくしき

能夠品嘗到九州產食材原始美味的爐端燒店。從下酒菜類到蔬菜、肉類料理，皆以能夠發揮出食材優點的料理手法呈現給顧客。店內採充滿臨場感的開放式廚房設計，氣氛相當熱鬧。

（爐端燒）☎092-791-8385 🏠福岡市中央区警固1-15-34警固セントラルビル101号 ⏰18:00～24:00 困不定休 🅿無 🚉警固一丁目巴士站歩行5分 MAP別冊8 D-3

開放式的吧檯座

1從左下角開始順時鐘方向依序為黑胡椒烤牛尾980日圓、奶油醬油烤帆立貝550日圓、稻草炙烤土魠魚780日圓、海膽和牛捲一貫390日圓 **2**店內座位以大開放式吧檯為主

推薦菜單

炭烤半生漢堡排
1058日圓
蒜蓉豬五花肉　1058日圓
松露雞蛋拌飯　1620日圓

1芝麻鯖魚蓋飯定食700日圓，上菜時芝麻鯖魚裝在另外的盤子裡 **2**位於昭和通上

吃得到新鮮又美味的蓋飯
博多ごまさば屋 ‖舞鶴‖はかたごまさばや

招牌美食是福岡特有的鄉土料理—芝麻鯖魚的定食店。附滑嫩溫泉蛋、沙拉、味噌湯的芝麻鯖魚蓋飯定食是最受歡迎的料理。晚上則吃得到經典、炙烤、味噌醬等3種口味。

（海鮮料理）☎092-406-5848 🏠福岡市中央区舞鶴1-2-11 ⏰11:30～13:30、17:40～22:30 困週日（週一逢假日則週一休）🅿無 🚉地下鐵赤坂站歩行5分 MAP別冊8 E-1

最受歡迎的芝麻鯖魚蓋飯定食絕對值得品嘗

推薦菜單

芝麻鯖魚與紅燒骨邊肉定食　800日圓
芝麻鯖魚與炸鮪魚定食　1000日圓
佐賀牛鐵板燒定食
1500日圓

也可以去姐妹店

炊き餃子 池田屋在天神地區也有關係店炊き餃子 池三郎（**MAP**別冊8 F-4），在這兒也吃得到雞湯餃。

一口大小
剛剛好

❶雞湯餃（6個）756日圓口味清爽，感覺再多都吃得下喲，帶有日式氛圍 ❷店內空間寬敞

雞湯餃的不二選擇

炊き餃子 池田屋
‖**大名**‖たきぎょうざいけだや

以較厚的餃子皮包住摻有炭烤土雞的內餡，放進雞骨湯煮的「雞湯餃」創始店。搭配獨家的黑胡椒及辣味噌享用，最後可以再加入強棒麵或白飯做收尾。

聽說有不少女生還會意猶未盡，再來一份喔

推薦菜單
強棒麵 324日圓
鹹粥 432日圓

雞湯餃 ☎092-737-6911
⚲福岡市中央区大名1-4-28
🕐18:00～22:30 ⦿不定休
Ⓟ無 ‖西鐵福岡（天神）站步行14分 **MAP**別冊8 D-3

獨自一人也能以實惠價格吃到料亭美味

新三浦 天神店
‖**天神**‖しんみうらてんじんてん

1910年開業的知名博多美食水炊鍋專賣店。由於湯頭白濁，因此店家刻意將唸法改為濁音的「水だき」。天神店的小鉢定食吃得到一人份就能開鍋的水炊鍋，深受女性喜愛。

❶附筑前煮、雞蛋豆腐等的水炊鍋小鉢定食1950日圓 ❷位於直通天神地下街的天神大樓B1

店內也有附隔間的桌席與和式座位

水炊鍋 ☎092-721-3272 ⚲福岡市中央区天神2-12-1天神大樓B1F
🕐11:15～14:30、17:00～20:15，水炊鍋全餐11:15～14:00、17:00～19:30 ⦿不定休 Ⓟ無 ‖西鐵福岡（天神）站步行4分 **MAP**別冊8 F-2

推薦菜單
水炊鍋全餐
3400日圓、4500日圓、5600日圓
親子蓋飯 870日圓
新三浦便當 1620日圓

博多ごまさば屋每日使用不同魚製作的南蠻漬與醃漬物可無限享用。

在美麗霓虹燈點綴的中洲、西中洲
優雅地享受大人時光

倒映著繽紛霓虹燈的那珂川畔便是九州最繁華的鬧區中洲，
西中洲則以名店林立而聞名。
在營業到深夜的餐廳享受時髦的大人時間吧。

最適合大人時光
的別緻酒吧
喜家
きっか

店內提供不論名氣高低，由老闆認定
為好酒的400種燒酎與200種日本酒。
除了美酒外，還吃得到長崎縣五島產
鯖魚及在地的糸島產黑毛牛等所製作
的美食，口味不輸料亭的料理讓人大
飽口福。

料理大量使用了五島的鯖魚、佐賀牛、糸島牛、在地蔬菜等來自九州的食材

`酒吧` ☎092-737-1770
🏠福岡市中央区西中洲2-14フジクラビル1F ⏰17:00～翌2:00
🈺不定休 🅿無 ‼️西鐵福岡（天神）站步行5分 `MAP`別冊7 B-4

吧檯是能夠與老闆大談酒經的頭等席。另外還有桌席與和式座位

蒸真鯛魚頭吃得到昆布高湯的滋味

以義大利料理為基礎，嚴選九州各地的當令食材，並融合日本料理手法，打造出各式創意料理

1樓的酒吧吧檯也可用餐

彷彿走入時光隧道的
古樸日式空間
NAKASU DINING
ナカスダイニング

細長的入口位在中洲的高樓大廈之
中。店面是過去曾經營料亭的日式家
屋，圍繞著中庭的1樓為餐廳與酒
吧，2樓則有貴賓室。可以在低調私
密的氛圍中享用料理與美酒。

`酒吧餐廳` ☎092-283-5338
🏠福岡市博多区中洲2-6-3
⏰18:00～翌4:00（用餐為～翌3:00）
🈺週日、假日 🅿無 ‼️地下鐵中洲川端站步行7分 `MAP`別冊6 D-4

寬敞的接待區設有沙發與間接照明。柔和的燈光更加強調出穩重氣氛

搭乘屋形船漫遊那珂川

來到福岡也可以搭乘觀光船一面欣賞中洲五光十色的霓虹燈，一面用餐。料理是以和食為主的全餐，包含乘船費用為6480日圓~，2人以上就可以預約。

中洲はかた舟 ☎092-734-0228 ⏰18:00~翌2:00 休不定休 MAP別冊7 C-3

搭船處為那珂川的福博であい橋畔

吃午餐或喝酒都
OK的咖啡廳

Cafe the Launch

カフェザランチ

從中午營業到深夜的咖啡廳，店內色調高雅，並以熱帶植物點綴，營造出度假氣氛。提供蘆薈芒果冰沙及熱壓三明治等美食。

咖啡廳 ☎092-282-6695 ⌂福岡市博多区中洲2-3-1 Fビル1F ⏰11:30~翌5:00(週日、假日為~23:30) 休無休 P無 地下鐵中洲川端站步行5分 MAP別冊7 C-4

←裝潢充滿東方度假風情
→吃得到蘆薈果肉的蘆薈芒果冰沙650日圓

最適合稍微
填個肚子的雜炊

はんごう雑炊 山

はんごうぞうすいやま

在中洲開店50年以上，口味備受好評的雜炊店。高湯是以高品質柴魚片製成，僅用天然鹽與醬油調味。米使用的則是採買當時狀態最佳的壽司米。

雜炊 ☎092-291-3683 ⌂福岡市博多区中洲2-3-16 桃山ビル1F ⏰18:00~翌2:00 休週日、假日 P無 地下鐵中洲川端站步行3分 MAP別冊7 C-4

←吧檯座與桌席合計約有35席
→熱呼呼的雜炊是裝在鋁製便當盒內端上桌。特製雜炊1144日圓

提供美味九州海產與
博多鄉土料理

博多あまの

はかたあまの

來自玄界灘的漁獲、佐賀縣唐津的花枝、長崎縣對馬的石斑魚等…，九州的當令海產全都匯集到這裡的廚房。另外也吃得到博多的鄉土料理筑前煮、手工明太子等佳餚。

和食 ☎092-741-0733 ⌂福岡市中央区西中洲9-4Spazio1F ⏰17:00~翌1:00(週日、假日~24:00) 休週日(週一逢假日則週一休) P無 地下鐵天神站步行5分 MAP別冊7 B-4

←吧檯裡的櫥窗內擺滿了當天的食材
↓美食之都福岡最具代表性的料理之一，博多筑前煮500日圓

除了中洲はかた舟外，還有能夠遊覽那珂川至博多灣的水上巴士，一人1000日圓~。詳情請洽詢博多海洋觀光☎092-651-6555。

關鍵字就是「小奢華」
難得來到福岡，就去名店犒賞自己一下吧

既然出來旅行，那麼就來點和平日不同的奢華享受吧。
要造訪名廚、老饕都愛去的餐廳，
或是前往話題名店，優雅自在地當一下貴婦呢？

享用法國菜名廚
打造的華麗盛宴

La Rochelle 福岡
‖大手門‖ ラロシェルふくおか

由有「法國菜鐵人」之稱的坂井宏行經營、掌廚的餐廳。這裡的一道道料理不僅有著讓人意想不到的食材搭配，看起來也賞心悅目，可說是坂井主廚的廚藝精髓。午餐也有僅限預約的無菜單全餐10000日圓。

法國菜 ☎092-716-5617 ⏶福岡市中央区大手門1-1-5ル・アンジェ教会1F ⏲12:00〜13:30、18:00〜20:30 ㊡週二、第1、3、5週三(逢假日則營業) Ｐ無 ‼地下鐵赤坂站步行5分 MAP別冊9 C-1

menu
午餐全餐 4158日圓（僅平日）・5940日圓、7722日圓、11880日圓（預約制）
晚餐全餐 10098日圓、14256日圓、17820日圓

❶晚餐全餐10098日圓起，圖為參考範例
❷餐廳附設有教堂
❸店內裝潢格調高雅

❶綠意盎然的入口 ❷優美而細膩，令人賞心悅目的擺盤 ❸位於寧靜住宅區的獨棟餐廳

menu
午餐（平日） 2700日圓〜
（週六、週日、假日為4212日圓〜）
晚餐全餐 7128日圓〜

義式菜巨匠打造的
極致慢食

Sala Carina
‖御所谷‖ リストランテ サーラカリーナ

許多活躍於福岡的義大利菜廚師都曾在此習藝，可品嘗到老闆兼主廚今井正三以慢食為概念所打造的料理。使用的食材皆有明確生產來源，並且每日更換菜單，讓顧客能吃到最符合時令的美味。

義大利菜 ☎092-531-7722 ⏶福岡市中央区御所ヶ谷3-35 ⏲11:30〜13:30、17:30〜21:30 ㊡週一 Ｐ有 ‼雙葉学園入口巴士站步行即到 MAP別冊5 B-3

感受和食傳統與福岡在地滋味

日本料理 福岡なだ万

‖住吉‖ にほんりょうりふくおかなだまん

位於福岡君悅酒店🗺 P.101內的老牌日
本料理餐廳「なだ万」的福岡店，能吃
到各式各樣以九州及福岡特有的肉類、
海鮮、蔬菜與水果製作的料理。

和食 ☎092-271-7161 🏠福岡市博多区住吉1-2-82グラン
ド ハイアット 福岡5F ⏰7:00～10:00、11:30～14:30、
17:30～21:00(週六、週日、假日晚間為17:00～) 🈔無休
🅿有 ‼キャナルシティ博多前巴士站歩行即到 🗺別冊5 A-1

店內有獨立的壽司割烹

menu
繽紛點心便當　3326日圓
桐懷石　12474日圓

午、晚餐時段都吃
得到壽司割烹清水
的「壽司日向」
7128日圓

老字號料亭經營的大人秘密基地

日本の料理屋 IMURI

‖櫻坂‖ にほんのりょうりやイムリ

有圍著爐灶的吧檯席及桌席，也有能
欣賞夜景的窗邊座位。由老字號料亭
「桜坂観山荘」所經營，不管是料理
還是服務皆深受好評。

和食 ☎092-762-7070 🏠福岡市中央区谷1-3-
15 ⏰11:30～16:00(用餐至～14:00)、17:30～翌
2:00(用餐至～24:00) 🈔週一白天(需洽詢) 🅿
有 ‼地下鐵櫻坂站歩行7分 🗺別冊5 A-4

靠窗的座位能看到入夜後點燈的福
岡塔

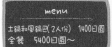
menu
土鍋和風鍋巴(2人份)　1400日圓
全餐　5400日圓～

佐賀牛沙朗裹
青蔥2400日圓

徜徉於獨特的美食世界

RISTORANTE ASO

‖天神‖ リストランテアソ

著名的義大利菜餐廳，實踐了著重地
產地消理念的慢食。使用玄界灘產海
鮮等九州特有食材製作的料理帶人進
入絕妙的美食世界

義大利菜 ☎092-724-0600 🏠福岡市中央区
天神2-5-55レソラ天神4F ⏰11:30～13:30、17:30
～20:30 🈔週一 (達假日則翌日休) 🅿無
‼西鐵福岡(天神)站歩行即到 🗺別冊8 F-3

播放古典音樂的店內十分寧靜，設
有包廂

menu
午餐全餐　3051日圓～
晚餐全餐　9763日圓～

使用九州各地食材
製作的全餐料理，
圖為參考範例

La Rochelle福岡的午餐甜點是由餐車推出來供顧客挑選。

購物途中的休息時間
最適合吃頓健康午餐

在購物之餘考慮午餐要吃什麼也是旅行的樂趣之一。
不過，如果晚餐想吃大餐的話，午餐就要吃得克制一點了。
以下介紹的健康美味午餐就是這種時候的好選擇！

湯頭鮮美的
雞湯淋飯是知名美食

釜めし Victoria
‖天神‖かまめしビクトリア

位於新天町商店街內，創業超過60年
的釜飯專賣店。釜飯約有10種口味可
選擇，皆使用混合了雞骨、柴魚片、鯖
魚片熬成的高湯一份份炊煮製作。一份
釜飯雖然有接近3碗飯的分量，但口味
清爽，讓人不知不覺吃得精光。

↑從奄美大島的「雞飯」獲得靈感的雞湯淋飯
930日圓 ↓位於老店林立的新天町商店街

🍚釜飯 ☎092-771-4081
🏠福岡市中央区天神2-7-144
🕐11:00〜20:00 🈳無休
🅿無 ‼地下鐵天神站步行3分
MAP 別冊8 F-2

在散發優雅氣息的
洋房輕鬆享用午餐

cafe Jacques Monod
‖西中洲‖カフェジャックモノー

咖啡廳位於屋齡超過100年的舊福岡縣
公會堂貴賓館1樓。店內讓人感覺彷彿
置身異國，氣氛悠閒自在。除了吃午
餐，也可以單純來喝咖啡。所有午餐皆
附飲料。

↑以蕎麥粉製作的薄餅午餐1072日圓
↓店內的桌椅為店家自行設計

☕咖啡廳 ☎092-724-8800
🏠福岡市中央区西中洲6-29旧福岡県公
会堂貴賓館1F 🕐11:00〜23:00 🈳無休
🅿無 ‼地下鐵天神站步行5分
MAP 別冊7 C-3

品嘗正統義式濃縮咖啡與
口味豐富的可麗鬆餅

KOBE CAPPUCCINO CLUB
‖天神‖こうべカプチーノくらぶ

米蘭風格的義大利咖啡廳，能在這裡
喝到由精通義式濃縮咖啡的咖啡師精
心製作的咖啡。口味豐富多樣的可麗
鬆餅是午餐或甜點的好選擇。

↑巧克力片可麗鬆餅（附飲料）1224日圓。卡
布奇諾單點為658日圓 ↓店內全面禁菸

☕咖啡廳 ☎092-725-5144
🏠福岡市中央区天神2-5-35岩田屋本店
本館5F 🕐10:00〜19:30 🈳不定休
🅿有 ‼西鐵福岡(天神)站步行即到
MAP 別冊8 E-3

> 也可外帶喔。
>
> 「Fruits Paradise TOKIO」有提供外帶餐點。帶回飯店，或是天氣好時在戶外享用都很棒喔。

推薦美食／健康午餐

讓當季水果幫你補充維生素

Fruits Paradise TOKIO
‖**天神**‖ フルーツパラダイストキオ

由水果店經營的鮮果喫茶店。最受歡迎的「酪梨三明治午餐」包括了吃得到滿滿酪梨的熱壓三明治、水果拼盤，還附每天不同口味的果汁或咖啡，能一次享用多種水果。

↑酪梨三明治午餐780日圓有滿滿的維生素
↓位於複合商業大樓IMS的地下層

🍴鮮果喫茶店 ☎092-733-2234
🏠福岡市中央区天神1-7-11イムズ地下1F
🕙10:00～19:30 🈺第3週二不定休
🅿有 🚶西鐵福岡（天神）站步行3分
MAP別冊7 A-3

添加大麥的健康明太蛋包飯

五穀けやき通店
‖**赤坂**‖ ごこくけやきどおりてん

由顧客自行將蛋包劃開的open style明太蛋包飯880日圓是店內最受歡迎的餐點。8成白飯、2成大麥的奶油飯上面是火候控制得恰到好處的歐姆蛋。附沙拉、甜點、飲料的明太蛋包飯午餐950日圓供應至下午3時。

↑使用了2種明太子
↓店內播放著1960年代的懷舊老歌

🍴咖啡廳 ☎092-716-5766
🏠福岡市中央区赤坂2-1-8ライオンズマンション1F 🕙11:00～21:30 🈺週一（逢假日則翌日休）、第1週二 🅿無 🚶地下鐵赤坂站步行7分 MAP別冊9 B-3

五彩繽紛的料理富含維生素

VEGE STYLE DINING 在。
‖**博多**‖ ベジスタイルダイニングある

位於JR博多站高架橋下的酒吧餐廳。以蔬菜為主角的餐點不僅健康，看起來也賞心悅目。獨家的蔬菜雞尾酒648日圓，幾乎所有客人都會點上一杯，也可以做成無酒精。

↑午餐時段提供的滑嫩雞蛋與豐富蔬菜蛋包飯864日圓 ↓對身體無負擔的獨家蔬菜雞尾酒

🍴酒吧餐廳 ☎092-483-2532
🏠福岡市博多区博多駅中央街1-1 🕙11:00～15:00、17:30～翌2:00（週五、週六、假日前日為～翌4:00，週日、假日為～翌1:00）🈺無休 🅿無 🚶博多站步行即到 MAP別冊5 C-1

---

cafe Jacques Monod所位在的舊福岡縣公會堂貴賓館已被指定為重要文化財，不妨多欣賞一下這棟美麗的木造建築。

舒適的隱密咖啡廳
讓人想悠閒地賴著不走

在離大馬路稍微有點距離的地方，
其實藏著不少有如秘密基地般的咖啡廳。
令人自在放鬆的氣氛充滿了魅力。

牆壁上簡樸的圖畫
裝飾

入口處悄悄放置的花
朵，感覺十分療癒

奶香起司蛋糕與黑糖美
肌紅茶套餐880日圓

露臺座眼前為樹
齡100年的樟樹

1 店內空間開闊，可以望見露臺的綠意
2 入口是宛如迷宮的隧道 3 店內還有隱密的半包廂式座位

入口處的招牌

每週變換菜色的招牌午餐1420日圓。主菜為
烤或醃漬當令蔬菜等，餐後有甜點與飲料

佇立著栲樹的居家氣息咖啡廳
キラキラカフェとねりこ ‖ 赤坂 ‖

位於住宅區的低調咖啡廳。店內裝潢為法國鄉間
民家風格，可望見群樹與精心整理過的庭院，明
亮舒適。除了使用大量蔬菜，營養均衡的午餐
外，還品嘗得到自製甜點。

☎092-771-2347 ⌂福岡市中央区赤坂3-6-37
🕙11:30～18:00 ⊠週一、第3週二 🅿有特約停車場
🍴赤坂三丁目巴士站步行3分 MAP別冊9 A-2

推薦美食／舒適的隱密咖啡廳

氣氛舒適復古的老宅咖啡廳

papparayray

‖赤坂‖パッパライライ

一年四季可欣賞到各種不同花草的老宅咖啡廳。店內陳舊的樑柱及門扉營造出寧靜祥和的空間。午餐大量使用了色彩繽紛的蔬菜，並附現烤麵包、沙拉、湯等。

papparayray沙拉午餐1400日圓

☎092-406-9361 ⏱福岡市中央区赤坂2-2-22 🕚11:30～18:00，午餐時間為～15:00 🈺週四、週五 🅿無 ‼赤坂二丁目巴士站步行即到 MAP別冊9 B-2

店內寬敞明亮

彷彿室內設計雜誌上才看得到的開放式廚房

庭院內種有繡球花及山茶花等，展現四季風情

擺滿了書本的1樓沙發有如圖書館

烤得賞心悅目的經典美式鬆餅810日圓

建築物由1樓、樓中樓、2樓構成

兼具和洋風格的高質感空間

白金茶房

‖白金‖しろがねさぼう

可以在散發和風趣味的雅致空間品嘗以嚴選素材製作的洋風鬆餅。有重現了懷念滋味的經典鬆餅，以及放上水果、馬斯卡彭起司的鬆餅等。

酪梨與燻鮭魚班尼迪克蛋鬆餅早午餐2160日圓

☎092-534-2200 ⏱福岡市中央区白金1-11-7 🕙10:00～22:00(餐點為～21:00，週六、週日、假日為8:00～，週日、假日為～21:00) 🈺無休 🅿有 ‼西鐵藥院站步行8分 MAP別冊4 B-4

白金茶房還有當季鬆餅及三明治等平時吃不到的期間限定餐點喔。

可以品嘗好看又好吃的最新甜點
引發熱烈討論的咖啡廳

除了鬆餅和法式吐司外，
福岡還吃得到不斷推陳出新的各式甜點。
前進話題&人氣名店，度過一段甜蜜蜜的時光吧。

獨特石燒甜點引爆人氣
的和風咖啡廳

博多石燒法式土司960日圓／燒熱的器皿內裝有法式吐司，上面還放了冰涼的香草冰淇淋

活潑的美國西岸風
咖啡廳

莓果煉乳法式吐司900日圓／鐵板烘烤的厚切法式吐司上放了香草冰淇淋與滿滿的煉乳、自製莓果醬

甜味高雅的現烤甜點
記得要趁熱吃喔

現烤蘋果派900日圓／有巧克力、焦糖、或兩種都加的雙重口味等3種醬料可選擇。自製的香草冰淇淋甜度適中

和 Cafe Rokuyou Tei

‖ 大名 ‖ わカフェロクヨウ テイ

以「和」為主題的咖啡廳，能吃到活用黃豆粉、黑糖蜜、大納言紅豆等和風食材組成的甜點。另外還提供定食，也可以來這兒用餐。

☎092-721-0013 ⌂福岡市中央区大名1-1-17 3F ⏰12:00～22:00 (週五～週日、假日前日為～23:00) 休不定休 P無 ‼今泉一丁巴士站步行即到 MAP 別冊8 D-3

不提供外帶
可內用

MOCHA JAVA CAFE PARKSIDE

‖ 今泉 ‖ モカジャバカフェ パークサイド

在種類豐富的甜點之中，有普通、超級、怪獸等3種分量的聖代更是高人氣。除了方便外帶的漢堡外，還有義大利麵等各式餐點。

☎092-716-4556 ⌂福岡市中央区今泉1-7-21 ⏰11:30～23:00 休無休 P無 ‼西鐵福岡(天神)站步行8分 MAP 別冊8 E-4

可外帶
可內用

cafe pour vous

‖ 今泉 ‖ カフェプールヴー

位於住宅區內的咖啡廳兼餐廳。不僅吃得到正統義大利料理，有10年法式糕點講師資歷的老闆所製作的甜點也備受好評。

☎092-716-0027 ⌂福岡市中央区今泉1-18-3 ルピナス本庄1F ⏰11:30～22:00 (週五、週六為～22:30，週日、假日為～21:00) 休週二 P無 ‼西鐵福岡(天神)站步行11分 MAP 別冊4 B-3

不提供外帶
可內用

也可上網訂購

Ivorish 福岡本店也有透過網路販賣店內商品，最有人氣的是加上了鮮奶油及水果的法式土司「Long Beach」。

從甜點到正餐類都有的 法式吐司話題名店

豪華莓果1944日圓，半份為1296日圓／表面以楓糖漿焦糖化，製造外層酥脆、內層濕潤的口感

吃得到當季水果 的法式吐司

蜂蜜柑橘&開心果法式吐司780日圓／使用糖度13度以上的多汁椪柑。蜂蜜醬的甜味與滋味柔順的開心果形成完美搭配

口味豐富的 可麗餅

新鮮水果法式可麗餅1510日圓／將混合了法式吐司蛋液、奶油、馬斯卡彭起司的麵糊迅速做成可麗餅皮

Ivorish 福岡本店

大名 アイボリッシュふくおかほんてん

開門前就會大排長龍的法式吐司專賣店。有放了滿滿水果的甜點類，以及適合當作午餐的正餐類等多種法式土司。

☎092-791-2295 ⌂福岡市中央区大名2-1-44 ⏰10:00～21:00 ㊡第1、3週二（逢假日則營業）Ｐ無 ‼地下鐵天神站步行10分 ⊞別冊8 E-2

（可外帶）
（可內用）

Amis

藥院 アミス

不僅滋味絕佳，可愛造型也深受好評的甜點店。除了最受歡迎的鬆餅外，還提供可外帶的烘焙糕點等當季甜點。

☎092-522-6322 ⌂福岡市中央区白金1-4-18 ⏰11:00～20:00 ㊡週三 Ｐ無 ‼西鐵藥院站步行5分 ⊞別冊4 B-3

（可外帶）
（可內用）

marbre blanc café

大名 マーブル ブラン カフェ

人氣可麗餅店「marbre blanc」所經營的咖啡廳。能吃到放了起司和香腸的熱可麗餅，以及甜點類可麗餅等種類豐富的餐點。

☎092-714-2520 ⌂福岡市中央区大名2-1-31 ⏰12:00～24:00 ㊡無休 Ｐ無 ‼地下鐵赤坂站步行3分 ⊞別冊8 D-2

（可外帶）
（可內用）

Amis的法式吐司必須搭配飲料一起點。樹莓蘇打及自製薑汁汽水等季節限定飲品也值得一試。

吃過一次就會愛上
吸引眾多顧客回流的話題麵包店

福岡不論在市區內或近郊，
都有吸引顧客大排長龍的人氣麵包店。
來看看這些店是用什麼樣的可口麵包吸引顧客一再光顧的吧。

越嚼越能吃到小麥的美味

法國麵包302日圓／僅使用天然酵母、麵粉、鹽製成，充分展現了小麥的美味

杏仁奶油可頌356日圓／以可頌麵糰為底，大方地使用杏仁奶油打造出奢侈美味

可頌216日圓／使用無鹽發酵奶油製作，可以在手工捲起的一層層麵糰間吃到奶油香

MAISON KAYSER
‖天神‖メゾンカイザー

以獨家小麥製作的麵包能吃出素材的美味，是搭配料理的最佳配角。讓使用小麥與黑麥做出的天然酵母發酵20小時，是打造出Q彈口感的秘訣。

☎092-718-3058 ⤷福岡市中央区天神1-4-1 博多大丸福岡天神店 B2F ⏰10:00～20:00 🈺無休 🅿無 🚇福岡（天神）站步行10分 MAP別冊7 A-4

吃得到經典德國黑麥麵包

起司蔓越莓麵包220日圓／咬勁適中的法國麵包內夾了滿滿的奶油起司與蔓越莓

貝殼麵包360日圓／飯店等選用超過40年的佐餐麵包。表面酥脆，內層鬆軟

藜麥與葵瓜子黑麥麵包300日圓／使用了高蛋白質、營養豐富的藜麥與葵瓜子，帶酸味的100%黑麥麵包

BROT LAND
‖今泉‖ブロートラント

店名在德文中為「麵包國度」之意。提供德國最具代表性的黑麥麵包、椒鹽卷餅，以及法國麵包、帕尼尼、司康餅等約60種的麵包，吃得到剛出爐的美味。

☎092-406-2422 ⤷福岡市中央区今泉1-2-30天神プレイスWEST棟1F ⏰7:30～19:00 🈺週日 🅿無 🚇西鐵藥院站步行10分 MAP別冊4 B-3

主要為帶有芬芳麥香的歐式麵包

蘋果香頌派270日圓／以派皮包住保留了爽脆口感的自製糖煮蘋果

無花果棒259日圓／用混入了腰果的麵糰包住自製紅酒煮無花果所做成的麵包

天然酵母法國麵包324日圓／使用自製葡萄乾酵母低溫長時間熟成製作，因此外脆內Q彈

EPID' OR
‖大名‖エピドール

主要販賣天然酵母歐式麵包的麵包店&餐廳。可以在以紐約飯店為意象的時尚餐廳同時嘗試法國料理與麵包。

☎092-518-8855 ⤷福岡市中央区大名1-1-33 ⏰11:00～22:00（可能會有更動）🈺週四 🅿無 🚇今泉一丁目巴士站步行3分 MAP別冊8 E-3

風格強烈的造型
令人印象深刻

魔法巧克力圈594日圓／店內的招牌商品，丹麥麵包內包有獨家調配的巧克力片與烤核桃

牽絲滑順起司法國麵包529日圓／法國麵包糰裡有豪達奶酪、起司絲、莫札瑞拉起司等滿滿的起司

紅豆吐司421日圓／Q彈柔軟的吐司內包有滿滿紅豆粒餡。烤過之後抹上奶油是最推薦的吃法

大排長龍的話題
麵包店

頂級克林姆麵包180日圓／口感鬆軟的薄皮內包著滿滿的自製蔗糖卡士達醬

巧克力堅果麵包400日圓，切半200日圓／使用了大量核桃與比利時巧克力，吃得到濃郁且甜度較低的巧克力味

pain stock520日圓，切半260日圓／使用德國有機烘焙五穀粉，散發穀物香氣的黑麥鄉村麵包

招牌的明太法國麵包
吸引顧客一再上門

明太法國麵包380日圓／帶勁彈牙的法國麵包內塗滿了明太子與奶油

花林糖甜甜圈9個270日圓／抹上了黑糖的小甜甜圈，外皮酥脆，內層Q彈有勁

菠蘿麵包135日圓／外層為酥脆的餅乾皮，很有特色。柔和且甜度適中的古早味非常受歡迎

HEART BREAD ANTIQUE 福岡天神店

‖天神‖ハートブレッドアンティークふくおかてんじんてん

有如繪本般可愛的店內有80種以上的麵包。除了在店內購買的麵包外，還吃得到漢堡排及聖代等。早上則有可以無限享用麵包的自助式早餐。

☎092-406-8500 ♔福岡市中央區天神3-16-24 ハーツ天神1·2F ◷9:00～21:00（2F咖啡廳為8:30～20:00）㊡無休 Ⓟ無 ‼天神北巴士站步行5分 ⅯⒶⓅ別冊7 A-1

pain stock

‖箱崎‖パンストック

曾在巴黎習藝的老闆以「冷凍保存後依舊美味的麵包」為概念所開的麵包店，藉由長時間熟成提升了麵包的保存性。店內可買到約60種的麵包。

☎092-631-5007 ♔福岡市東區箱崎6-7-6 ◷10:00～19:00 ㊡週一、第1、3週二 Ⓟ有 ‼大和町巴士站步行10分 ⅯⒶⓅ別冊2 D-2

フルフル天神パン工房

‖天神‖フルフルてんじんパンこうぼう

店家會根據麵包的風味選用不同材料製作，帶有嚼勁的麵包吃到得到國產小麥的美味。店面十分小巧，只要3、4組客人就會將店內擠滿。

☎092-726-2655 ♔福岡市中央區天神1-10-13福岡MMTビル1F ◷10:00～20:00 ㊡週二 Ⓟ無 ‼西鐵福岡(天神)站步行5分 ⅯⒶⓅ別冊7 A-3

フルフル天神パン工房的本店位在東區，熱狗麵包及巧克力麵包是天神パン工房的限定款。

LA VIE EN ROSE (P.67)

FRANCEGASHI 16KU (P.76)

再飽也吃得
下的甜點，
被我找到囉

chocolate shop (P.66)

ISHIMURA MANSEIDOU (P.94)

patisserie Jacques (P.66)

SUZUKAKE HONTEN (P.67)

帶你認識
福岡的精選地區

福岡市區不僅有天神這個九州最繁華的鬧區，
許多充滿獨特魅力的地區也集中分布於天神周邊。
接下來就為各位介紹，以好奇心旺盛著稱、
喜歡新事物的福岡人最愛去的區域。
除了購物，還有甜點、藝術…等，
每個季節都有多采多姿的魅力等你探索，
讓人愛上福岡這座城市。

搭上巴士、地下鐵逛景點
福岡一日玩樂計畫

在福岡市區觀光，搭乘行經市中心的巴士&地下鐵是最方便的選擇。
購買「1日乘車券」可以讓景點間的移動省時又省錢，
玩起來也更加盡興喔。

市營地下鐵

有連接福岡空港站～姪濱站的「空港線」，中洲川端站～貝塚站的「箱崎線」，天神南站～橋本站的「七隈線」等3條路線。從福岡機場搭乘地下鐵到博多站只需5分鐘。空港線班車間隔為6～9分，相當便利。

100日圓循環巴士

行駛於福岡市內各處的西鐵巴士是當地居民不可或缺的交通工具。尤其如果要前往博多站～天神間的主要景點，搭乘福岡都心100日圓循環巴士是非常便利的方式。費用為搭乘1次100日圓。

1日乘車券

西鐵巴士（福岡市中心區域）、地下鐵都有推出1日可不限次數搭乘的乘車券（皆為620日圓）。週六、週日、假日購買，西鐵巴士為510日圓，地下鐵為520日圓）。地下鐵的1日乘車券可於各站售票機購買，西鐵巴士1日乘車券則可在博多巴士總站、西鐵天神巴士中心及大部分路線巴士車上買到。

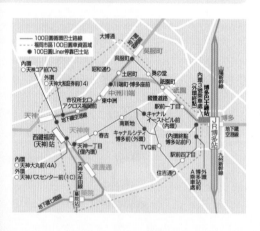

- 100日圓循環巴士路線
-- 福岡市區100日圓車資區域
● 100日圓Liner停靠巴士站

大博通
吳服町
昭和通
川端町・博多座前
市役所北口／アクロス福岡前
南新地
春吉
天神
西鐵福岡（天神站）
地下鐵七隈線
渡邊通
住吉通
博多駅
JR博多站
地下鐵空港線
九州新幹線

START

步行即到

博多站
はかたえき

所有旅程的出發站

福岡的陸上門戶。一開始先去與博多站直通的JR博多CITY吧！

GOAL

搭乘100日圓循環巴士9分

博多駅
シティ銀行前

回到起點

屋台 やたい

感受福岡夜生活的最佳選擇

福岡夜晚最著名的當然就是屋台了。可以吃到拉麵、天婦羅、串烤…等豐富多樣的美食。P.14

搭乘巴士6分

南新地

前往那珂川上的春吉橋一帶的屋台。屋台大約從傍晚6時開始營業。

FUKUOKA Taiken Bus Ticket也很划算

有屋台及手作明太子等50種以上行程可挑選的體驗券，搭配西鐵巴士或西鐵巴士＆西鐵電車自由乘車券而成的套票。請洽FUKUOKA Taiken Bus Ticket辦公室☎092-400-6141。

中洲川端 なかすかわばた

懷舊風情的商店街別具魅力

漫步於保留了老街風情的商店街也很有樂趣。這裡也因博多祇園山笠而聞名，商店街及神社可以看到裝飾山笠。

⌐P.80

搭乘地下鐵3分

博多站　中洲川端站

逛逛車站周邊的上川端商店街

博多祇園山笠的裝飾山笠

JR博多CITY

ジェイアールはかたシティ

集合了時尚、美食、娛樂…等的複合景點。日本最大規模的餐廳區「City Dining くうてん」具有高人氣。

⌐P.72

搭乘地下鐵（空港線）1分

天神站

天神 てんじん

百貨公司及大型複合商場林立

逛遍渡邊通上一間又一間的百貨公司及服飾商場，盡情享受購物樂趣。 ⌐P.70

今泉・警固 いまいずみ・けご

隨處可見時髦的複合品牌店

狹窄的小巷內聚集了眾多複合品牌店。如果想找新潮或是有個性的東西，來這裡準沒錯。

⌐P.62

搭乘巴士4分

今泉一丁目　天神コア前

行駛於福岡市區，單趟車程約1小時的觀光巴士FUKUOKA OPEN TOP BUS一日不限次數搭乘費用為1540日圓。

在店面林立的大名
走訪潮流商店

大名地區是由天神西通、昭和通、大正通、國體道路
等4條大路所圍成的區域。
許多走在流行最前線的潮流商店都在這一區喔。

創造新價值感的設計師商店

small is beautiful スモールイズビューティフル

【居家‧雜貨】

店內販賣以歐洲為主的新銳
設計師商品，精選了家飾品
等各類充滿創造性的商品。

☎092-739-1088 ⬆福岡市中
央區大名1-8-25 杉の宮マンショ
ン1F ⏰12:00～20:00 休週三
P無 MAP 60

請認明這
個招牌

Donna Wilson設計的
動物6800日圓～

有服飾、器皿等
種類豐富的商品

店面位於巷弄內
的大樓1樓

懸吊於天花板的
空中倒掛盆栽2592日圓～

聚集了不同種類商
店的大型商業設施

2樓的「R-style」可品
嘗到義大利菜

美國西岸度假風的
大型商業設施

THE SHOPS ザ ショップス

以美國西岸度假風格為概念
的6層高複合大樓。店家以
餐廳為主，另外還有鞋店、
美容沙龍、美甲沙龍等，很
受年輕女性喜愛。

【複合大樓】☎因店家而異 ⬆福
岡市中央區大名1-12-56
⏰11:00～21:00(因店家而異)
休因店家而異 P無 MAP 60

大名MAP

正上方
為北方

以數種蕾絲裝飾的不對稱披肩
12000日圓

古董風的店內陳列著服飾到小物等各種商品

店內商品不論哪個季節都適合穿

繽紛可愛的小物&飾品
Brillance プリランス

店內販賣負責人榊原小姐等約10位藝術家的作品。從錢包、包包等布製品到飾品等，各種商品都十分可愛。

俄羅斯娃娃
3240日圓

（雜貨）☎092-714-0241 👜福岡市中央区大名1-12-36ニューアイランド大名202 ⏰13:00～19:00 ㊡不定休 Ⓟ無 MAP 60

每週都會進新商品

球形口金不織布錢包
S尺寸2160日圓，M尺寸2970日圓

看得見製作過程的手工商品
ChaosBohemia カオスボヘミア

店面與工廠設在一起，以混搭各種不同素材的裝飾性設計獨家品牌為主，販賣各種不論男女都可使用的商品。

（服飾、雜貨）☎092-738-7727 👜福岡市中央区大名1-1-20 nanpuビル1・2F ⏰12:00～20:00 ㊡不定休 Ⓟ無 MAP 60

色彩鮮豔而輕盈的開襟大衣20000日圓

可愛裝飾讓人心動
Cheese チーズ

招牌商品是紐約風起司蛋糕與烤得香氣四溢的起司塔。奶油起司口味濃郁，讓適中的酸味在口中散開。

（甜點）☎092-725-0255 👜福岡市中央区大名1-14-5有光ビル1F ⏰12:00～19:00 ㊡週四（逢假日則營業）Ⓟ無 MAP 60

合腳好穿的AURORA SHOES
各26000日圓～

舒適的SUNSHINE+CLOUD
襯衫19440日圓

集結各種簡單又好穿的商品
picture ピクチャー

販賣國外進口品牌及日本國內品牌服飾。精選了以獨家線材織成的襯衫及手工皮鞋等，能感受到手工質感的高品質商品。

（服飾）☎092-761-5726 👜福岡市中央区大名1-1-11 ⏰11:00～20:00 ㊡無休 Ⓟ無 MAP 60

店面為國體道路旁的2層建築

黑色外牆上搭配圓形窗戶的外觀很時髦

起司蛋糕除了原味外還有抹茶歐蕾等口味

small is beautiful除了訂做家具外，也提供名片等平面設計的服務。

精選地區／大名的潮流商店

邂逅你中意的東西
今泉、警固購物樂

今泉、警固地區聚集了許多
不受流行趨勢左右的個性商店。
相信在這裡一定可以找到獨一無二，專屬於你的商品。

福岡、九州在地優質商品的寶庫
福岡生活道具店 ふくおかせいかつどうぐてん

網羅了文具、玩具、陶瓷器、服飾、
食品等各式種類的在地商品。身兼經
營者之一和設計師的小嶋健一認證過
的優良商品，才會在店內展售。

(雜貨) ☎092-688-8213 ╬福岡市中央
區警固1-5-28 SKビルⅢ2F ⏰10:00～
19:00 🈳週二～週四 Ⓟ無 🚌警固一丁目
巴士站步行3分 MAP 62

老闆小嶋先生所設計，cupica
的磨甲刀1296日圓

老牌桐木盒商店—增田桐箱店的
米桶「kirihacoプロジェクト」
1kg用，附一合量米杯，5184日
圓

amabro監製的有田燒小碟，
各1404日圓

用歐洲古董家具打造你的家
krank クランク

純白建築物的1樓，有如倉庫的空間
內擺放著從歐洲採購來的古董家具。
3樓則是販賣男、女裝為主的關係店
「marcello」。

(家具) ☎092-724-3250 ╬福岡市中央
區警固3-1-27 ⏰13:00～20:00 🈳週三、
週四 Ⓟ有 🚇地下鐵藥院大通站步行5分
MAP 別冊5 B-3

店內隨興擺放著家具

今泉・警固MAP
周邊圖▶別冊P.5
正上方
為北方
1:10,000

在福岡生活道具店　　福岡生活道具店位在2樓　　區隔今泉與警固的上人橋通　　今泉地區的許多店鋪
買到的紅茶　　　　　　　　　　　　　　　　　　　　　　　　　　　　都位於小巷弄內

在SOUTH GARDEN小歇片刻
SOUTH GARDEN是面向名為「上人橋通」的大馬路的一棟建築，聚集了商店、咖啡廳、餐廳以及美容相關店鋪。
MAP 別冊8 D-4

集結了精選日用雜貨

Gouache ガッシュ

店家位於2層樓建築內，傾洩而下的陽光打造出歐洲鄉間住家般的感覺。可以在這裡買到餐具、園藝用品、化妝品、日常服飾等各類商品。

店家提倡讓近生活的手工藝品回歸初表

2樓為藝廊，會不定期邀請藝術家舉辦展覽

雜貨 ☎092-791-7555 ⌂福岡市中央區今泉1-19-8 ⏰11:00~20:00 ㊡不定休 ㏗無 ‼今泉一丁目巴士站步行5分 MAP 62

店內展示了小石原燒及藝術家井上尚之的作品

在各樣乾燥花圍繞的工作室內，可以聞到淡淡香氛

運用貝殼及乾燥花等各式素材帶來豐富變化

植物蠟燭製作體驗課程3500日圓

用乾燥花及水果製作蠟燭

Candle Studio One
キャンドルスタジオワン

九州第一家教導使用乾燥花及精油製作蠟燭的教室，從植物蠟燭、不用點火的擴香盤等約8種體驗教學到正式課程都有。

蠟燭教室 ☎092-401-2132 ⌂福岡市中央區今泉1-17-21清水ビル201 ⏰10:00~21:00(完全預約制) ㊡無休 ㏗無 ‼西鐵福岡(天神)站步行5分 MAP 62

Gouache店面為純白的獨棟建築　　Gouache店內擺滿了觀葉植物及花卉盆栽　　於Candle Studio One做出的擴香盤　　裝飾在Candle Studio One店內的乾燥花

從地下鐵天神站步行約7分就可走到今泉，警固則步行約15分可到。

精選地區／今泉、警固購物樂

時尚男女不可錯過
福岡在地複合品牌店的原創品牌

如果想找高品質又有特色的服飾，
就去有原創品牌的複合品牌店看看吧。
福岡在地打造的優雅風、休閒風等各種風格的服飾都很有個性。

集合了來自世界各地的精選商品
UNTIDY
アンタイディー

店內商品是從日本、亞洲、歐洲、非洲等世界各地蒐集而來，從餐具、書到布製品等，種類包羅萬象。獨家款包包是在店內的一隅製作出來，帶有獨特韻味。

☎092-716-2424 ⌂福岡市中央区警固2-11-10高橋ビル201 ⏰12:00～19:00
㊡週二、第4週三 Ｐ無 ‼警固町巴士站步行即到 MAP 別冊9 B-3

一款款充滿個性的包包就是在這個作業區做出來的

位於住商混合大樓2樓的低調店鋪

也有許多歐洲的二手布

使用泰國山地民族的裙子布料做成的包包 17280日圓

以非洲約魯巴族的布與日本酒袋做成的包包21800日圓

搭配了塑膠、布、皮革等材質，輕盈堅固的原創塑膠包8640日圓

店內裝潢以白色為主，風格沉穩

使用多種素材做成的「a.g.t.a.m.」花朵手鍊 7776日圓

以增生的植物為概念所設計，「satela」的淡水珍珠項鍊17928日圓

簡單大方的動物造型項鍊，還有紅鶴、松鼠等款式

在細膩的設計中
展現玩心

Decorate me
デコレイト ミー

找出你中意的東西吧

主要販售動植物造型的珠寶品牌「satela」，以及帶有手作感的飾品品牌「a.g.t.a.m.」這2個原創品牌的作品，另外也有來自日本國內外的精選商品。

☎092-531-1212 ⌂福岡市中央区薬院3-3-8嘉村ビル201 ⏰12:00～20:00
㊡週二 Ｐ無 ‼西鐵薬院站步行3分
MAP 別冊5 C-3

店內以購自法國及美國的古董裝潢

畫有日本的歌舞伎、巴黎的艾菲爾鐵塔等世界各地風情、名勝的手帕

非常耐穿

以硬挺的棉布製作的長裙，輕柔飄逸的外型很受歡迎

俐落的成熟休閒風
Lapin Brocante
ラパンブロカンテ

福岡品牌「TIGRE BROCANTE」旗下的直營店。使用天然素材布料製作的服飾不僅觸感佳，穿起來更是舒適無比。店內商品多走簡約的基本款路線，男、女裝皆有。

☎092-409-6776 ⌂福岡市博多区博多駅中央街1-1-1 アミュプラザ博多6F
🕐10:00～21:00 休無休 ℗有 ‼JR博多站步行即到 MAP別冊5 B-1

每季推出新款的環保袋11880日圓，可愛到讓人想將每款買齊

九州唯一的minä perhonen 合作店鋪
holiday/ minä perhonen
ホリデーミナペルホネン

皆川明所經營的品牌「minä perhonen」在這裡有豐富商品可供挑選，從布料到原創商品都充滿獨創性，全國各地都有忠實的愛好者。

每年會舉辦數次期間限定的居家布製品展

☎092-732-9460 ⌂福岡市中央区薬院2-17-14 2F 🕐11:00～20:00 休不定休
℗有 ‼薬院二丁目巴士站步行5分 MAP別冊5 B-3

1樓同時還有姐妹店「trip-r」，空間寬敞

大名有主流複合品牌店的路面店，有些店還會有福岡限定商品，千萬別錯過了。

65

和、洋甜蜜滋味令人心動
福岡限定的HAPPY SWEETS

福岡限定的人氣甜點也是伴手禮的好選擇。
不論是展示櫃裡有如寶石般琳瑯滿目的蛋糕、塔類，
或老店傳承多年的高雅和菓子都叫人難以抗拒。

福岡首屈一指的
老字號巧克力專賣店

博多石板432日圓
（小）、1836日圓（大）
海綿蛋糕與慕斯堆疊
而成的巧克力蛋糕，
口感滑順細緻

博多rocher
972日圓
以法國產牛奶巧克力
包住可麗餅脆片所製
成。另外還有在白巧
克力中混入明太子粉
末的明太rocher
1080日圓

松露巧克力
1個126日圓～
Chocolate Shop的
代表性商品。口感略
為Q彈，層次豐富而
不膩

Chocolate Shop
‖網場町‖ チョコレートショップ

1942（昭和17）年創業的巧克力專賣
店。以松露巧克力為主，夏季提供60
至70款，冬季有70至100款巧克力可
供挑選。

☎092-281-1826 🏠福岡市博多區網場町
3-17 🕐10:00～20:00（週日、假日為～
19:00）🈺不定休 🅿有 🚇地下鐵吳服町
站步行4分 MAP別冊6 E-2

🛍這裡也買得到
AMU PLAZA博多 ➡P.72

曾在法國習藝的
職人所經營

Prince480日圓
黑巧克力與牛奶巧克
力的2層慕斯在口中
交融，能品嘗到濃郁
可可味

Jacques450日圓
使用命名為「Jacques」
的焦糖慕斯，再加上
以蜂蜜熬煮的西洋
梨，讓口味更具特色

馬卡龍1個220日圓
馬卡龍餅皮內夾有爽
口的奶油霜、果醬、
巧克力等，共有10
種口味

patisserie Jacques 大濠店
‖大濠‖ パティスリー ジャックおおほりてん

由曾在法國習藝的甜點師所經營，在
甜點愛好者間具有全國性知名度。每
款蛋糕的甜度皆恰到好處，並有種類
豐富的烘焙糕點。

☎092-762-7700 🏠福岡市中央区荒戶
3-2-1 🕐9:30～18:30 🈺週二、第1、3週
一 🅿無 🚇地下鐵大濠公園站步行5分
MAP別冊4 A-3
可內用

充滿創意
口味高雅的甜點

生Sweet Potato
5個裝1000日圓、
10個裝2000日圓
以鹿兒島產安納番薯
製作的Sweet
Potato，特色為濕潤
口感及濃郁滋味

博多中洲烘餅
1個150日圓
以粗砂糖及榛果打造
出獨特口味，堪稱
ufu的招牌點心。也
有賣盒裝的

中洲瑞士捲
2300日圓
長達55.5cm的超長
瑞士捲，分量絕對讓
人滿足

hotel patisserie ufu
‖中洲‖ ホテルパティスリーウフ

由福岡SUNPALACE HOTEL & HALL
經營的蛋糕店，吃得到超長瑞士捲等
多款充滿創意的甜點。

☎092-263-5774 🏠福岡市博多區中洲3-4-10
🕐17:00～翌2:00（週五、週六為～翌3:00）、週
日、假日為17:00～24:00）🈺無休 🅿無 🚇地
下鐵中洲川端站步行3分 MAP別冊7 C-3
可內用

百貨公司地下街也買得到

時間不是那麼夠，或是要買來當作伴手禮的話，
去百貨公司地下街的分店購買是個方便的選擇。

樸實的經典款和菓子 品味出眾

鈴籠
10個裝1566日圓
在新潟縣產糯米做成
的芳香餅皮內，塞了
滿滿紅豆餡的最中餅

鈴乃◯餅
1個108日圓／以Q
彈外皮包住內餡的一
口大小銅鑼燒

菜菜菓1袋216日圓
10月下旬至4月下旬
的期間限定商品。以
阿波和三盆糖小火慢
煮新鮮蔬菜所做成的
可愛零食

鈴懸本店

‖上川端‖すずかけほんてん

獲選「現代名工」的和菓子師傳中岡
三郎所開，職人使用嚴選材料手工製
作出的和菓子質樸且口味高雅。設有
喫茶室。

☎092-291-0050 ⌂福岡市博多区上川端町
12-20ふくぎん博多ビル1F ⏰9:00~20:00
(喫茶室為11:00~19:30) 休無休 P無 ‼地
下鐵中洲川端站步行即到 MAP別冊6 D-3
可內用

⬤這裡也買得到
岩田屋本店⤴P.70

獨特的色彩與造型 讓人一見鍾情

Cosmic 432日圓
以「宇宙」為主題的
巧克力蛋糕，是這裡
的招牌商品

Rosy 432日圓
馬斯卡彭起司與白巧
克力慕斯蛋糕，帶有
適中的甜味與酸味

心形馬卡龍
1個216日圓
夾有甘納許的愛心造
型馬卡龍。有黑醋
栗、巧克力等10種
口味

LA VIE EN ROSE

‖住吉‖ラヴィアンローズ

店名是法文「玫瑰色的人生」之意。
店內的展示櫃裡擺滿了色彩繽紛且充
滿個性的蛋糕，希望讓顧客看了、吃
了都能感到幸福。

☎092-441-8555 ⌂福岡市博多区住吉
4-3-2博多エイトビル1F ⏰10:00~22:00
休不定休 P無 ‼住吉四丁目巴士站步行
3分 MAP別冊5 B-2

老字號和菓子店旗下的 法式糕點店

馬卡龍5個裝
950日圓
使用法國巧克力及西
班牙最高級杏仁等嚴
選素材製作，會依季
節變換口味

**巧克力閃電泡芙、
咖啡閃電泡芙
各220日圓**
泡芙外皮上放有餅乾
與巧克力，可以吃到
各種不同的口感

**精選巧克力組合
10個裝1350日圓**
有混合了所羅門群島
與宮古島黑糖的BIO
巧克力，以及世界最
頂級的義大利巧克力
等，能品嘗到4種不
同的巧克力

菓子処 典

‖平尾‖かしどころてん

位在以千鳥饅頭著稱的千鳥屋內的法
式糕點店。產品使用自製BIO巧克力
及發酵奶油等日本國內外嚴選而來的
素材製作。

☎092-521-8827 ⌂福岡市中央区大宮
2-6-10(千鳥屋平尾店內) ⏰9:00~20:00
休不定休 P無 ‼西鐵平尾站步行5分
MAP別冊4 B-4

鈴懸本店還有聖代及蜜豆等只提供內用的人氣美食喔。

前進在地人氣甜點店
來頓豐盛精緻的下午茶

挑個優雅的空間，
好好享用展示櫃內琳瑯滿目的甜點，
在逛街之餘，為自己打造一段幸福時光吧。

吐司可以選擇原味或巧克力口味。莓果、巧克力醬與蜂蜜冰淇淋交織出極致美味

有焦糖杏仁酥餅、費南雪等約17款烘焙點心

起司蛋糕1130日圓

使用了濃郁奶油起司與風味柔和的帕瑪森起司，口感滑順

法式吐司1500日圓

七色馬卡龍
各180日圓

使用福岡藍莓、佐賀草莓等九州7縣的名產所製作的7色馬卡龍

法式糕點與九州食材的完美結合

Pâtisserie Georges Marceau

‖渡邊通‖パティスリージョルジュマルソー

提供以法式傳統甜點為基礎，融入九州食材、契作農家的水果所製作出的甜點。店內採自然風設計，除了蛋糕外，還能品嘗到內用限定的法式吐司。

☎092-741-5233 ‖福岡市中央区渡辺通5-8-19マイスタア5-1F
🕙10:00～20:30 ㉁不定休 🅿無 ‼渡辺通2丁目巴士站步行8分
Ⓜ別冊4 B-3 可外帶

高雅氣息讓人覺得彷彿置身法國街頭

展示櫃內擺放著當季蛋糕與塔類

焦糖香蕉
法式吐司750日圓

飲料及部分餐點可外帶

偏甜的法式吐司上淋了滿滿的焦糖漿。拿鐵咖啡500日圓

運河景色與美食的絕配

CAFFE OTTO Cyclo

‖住吉‖カフェ オットー .シクロ

位於CANAL CITY博多的咖啡廳，有豐富的亞洲風美食及甜點可供選擇。坐在靠窗的吧檯座可以飽覽眼前的運河風光。

☎092-263-2262 ⌂福岡市博多区住吉1-2-1 CANAL CITY博多センターウォーク4F ⏰11:00～22:30 困無休 ㄆ有 ‼キャナルシティ博多前巴士站步行即到 MAP別冊5 A-1 可外帶

品嘗造型華麗的高雅甜點

PATISSERIE La joelle

‖大名‖パティスリー ラ ジョエル

曾在東京及福岡的甜點店、飯店擔任甜點師的主廚，所製作出的正統法式糕點甜味優雅，且極具設計感。露臺設有內用座位。

☎092-751-3939 ⌂福岡市中央区大名1-15-29 ⏰11:00～22:00 週二（逢假日則翌日休）‼西鐵福岡（天神）站步行9分 MAP別冊8 E-3 可外帶

可內用的露臺座

裝飾蛋糕與訂做蛋糕也很受歡迎

生日蛋糕

店面為歐洲風格的石造建築

焦糖栗子泡芙塔
450日圓

以小泡芙搭配栗子及焦糖，再以依季節變換的奶油裝飾

小蛋糕360
日圓～

甜而不膩的小蛋糕造型精巧，賞心悅目

這裡介紹的店家都可以外帶，也很適合買伴手禮。

福岡市中心導覽
百貨公司&購物商場情報站

位於福岡市中心的「天神」，是人、物、資訊交流薈萃的魅力地帶，
主要街道渡邊通林立著百貨公司及時尚商場，
隨處可見打扮時髦亮眼的女性。

A 1936（昭和11）年
開幕的老字號百貨公司

岩田屋本店
いわたやほんてん

能滿足各年齡層需求的福岡老字號百貨公司。分為本館與新館，聚集了各種時尚潮流服飾及高級商品。

SHOP CHECK

綜合水果塔
（1片）391日圓～
「果実工房 新SUN」所推出，表面以滿滿的當令水果點綴，口味豐富多樣。

☎092-721-1111（代）⌂福岡市中央区天神2-5-35 🕙10:00～20:00（新館7F的餐廳街為11:00～22:00）㈹不定休 🅿有 [MAP]別冊8 E-3 🗺P.98

岩田屋原創豚骨拉麵（4份）1492日圓
田屋的原創拉麵是熱門暢銷商品。麵條為細麵，嘗得到豚骨湯頭的鮮美滋味

B 國內外知名店鋪
集結在此

福岡三越
ふくおかみつこし

聚集了全球高級品牌的鐘錶、珠寶賣場、為日常飲食帶來便利選擇的地下食品賣場極具吸引力。鄰近地下鐵，交通也非常方便。

SHOP CHECK

麻糬布丁
（こじま亭）3個裝789日圓
麻糬中包了布丁，是こじま亭的原創點心

☎092-724-3111 ⌂福岡市中央区天神2-1-1 🕙10:00～20:00 ㈹不定休 🅿有 [MAP]別冊7 A-4 🗺P.99

豆菓子伴手禮（博多五色堂）
4件組1188日圓
可以從14種豆菓子中挑出喜歡的4種搭配在一起

C 集合眾多高級
服飾品牌

大丸福岡天神店
だいまるふくおかてんじんてん

Passage廣場的兩邊分別是本館與東館，除了高級精品外，許多高級而簡約的服飾品牌也都在此設櫃。

☎092-712-8181 ⌂福岡市中央区天神1-4-1 🕙10:00～20:00（餐廳街為11:00～22:00）㈹不定休 🅿有 [MAP]別冊7 A-4 🗺P.98

SHOP CHECK

大丸饅頭 1個43日圓
直徑5cm，厚約2cm，表面烙有「大」字的饅頭。裡面包滿了使用北海道產手亡豆做成的白豆沙餡

Passage廣場會舉辦各式各樣的活動

地下鐵空港線　福岡新天神入口　天神　明治通り
天神站
赤坂站　天神証券ビル前・朝日会館・福岡PARCO S　天神　天神福ビル前
新天町商店街　S 天神CORE　中洲川端站
SOLARIA STAGE　・天神コア前・天神ビブレ
P　♪ソラリア前　福岡市役所西
岩田屋本店（新館）・VIORO　IMS　天神バスセンター前　福岡市役所
きらめき通り中央　市役所広場前
S SOLARIA PLAZA S　西　中央警察署入口
岩田屋本店（本館）　鐵　天神バスセンター・エルガーラ
・レソラ天神　福　602　大丸福岡天神店
・NTTビル　岡　天神　
警固公園　天　神　
警固神社　神　南
・福岡三越　站
天神警固神社・三越前　地下鐵
今泉1　七隈線　渡邊通站

去百貨公司地下街尋找伴手禮

百貨公司的地下街聚集了在地人氣名店的分店以及來自全國各地的名產,想找伴手禮的話來這裡準沒錯。有些店家還提供試吃,不妨多比較看看再做選擇。

D 時尚商品齊聚一堂

SOLARIA PLAZA

ソラリアプラザ

不但有最新的時尚潮流服飾、人氣美食餐廳,電影院、飯店、健身俱樂部也全一應俱全。

☎092-733-7777 ⌂福岡市中央区天神2-2-43 ⏰10:00~21:00(依樓層、店鋪而異) ⊗不定休 🅿有合作停車場 MAP 別冊8 F-3

SHOP CHECK

B2F

DEAN&DELUCA 頂級初榨橄欖油100ml 1026日圓/CASSINA ROSA 松露鹽 30g1296日圓(DEAN&DELUCA)

來自紐約的食品複合品牌店,從熟食、西點麵包、食品到雜貨,甚至是餐廳都一應俱全

B2F

經典漢堡1000日圓~(BBQ & VEG BUTCHER NYC)

使用自製漢堡麵包製作的漢堡

4F

抹茶白玉聖代853日圓(nana's green tea)

吃得到各種抹茶及綠茶融合現代人生活所打造出的餐點

E 盡情探索一個個品味出眾風格獨特的櫃位

福岡PARCO ふくおかパルコ

由本館與新館2棟建築構成的複合商業設施,獨一無二、充滿個性的服飾、雜貨、家飾品等各類商品讓人流連忘返。

☎092-235-7000 ⌂福岡市中央区天神2-11-1 ⏰10:00~20:30(依店鋪而異) ⊗不定休 🅿有特約停車場 MAP 別冊8 F-2 ⊙P.99

SHOP CHECK

新館B1F

阿拉伯風義式冰淇淋 540日圓(FAR EAST BAZAAR)

在2種義式冰淇淋上加上堅果及穀片點綴的原創冰淇淋

新館B1F

半圓銅鑼燒 各200日圓~(ANN&Co.)

包有紅豆餡、求肥、奶油起司等各式各樣食材的福岡限定甜點

新館B1F

手帕各1620日圓(中川政七商店)

為了讓波佐見燒更加普及而推出的「MONOHARA」系列

新館5F

オッのコンボ守護神各519日圓(citruss)

流傳於鹿兒島,據說可佑佑全家健康平安的神明

仿照歐洲風格的地下街

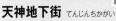

F 與地下鐵天神站直通的複合設施

天神地下街 てんじんちかがい

天神地下街是仿照19世紀的歐洲街景所打造,全長590m的路上約有150家店鋪。由於可直接通往大眾交通工具的車站、商業設施等,在天神逛街時很方便。

☎092-711-1903 福岡市中央区天神2 地下1~3号 ⏰10:00~20:00(餐廳~21:00,部份店家會有所不同) ⊗無休 🅿有 MAP 別冊7 A-3

比利時最具代表性的高級巧克力

GODIVA ゴディバ

☎092-714-1031

黑巧克力凍飲270ml590日圓

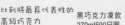

九州唯一的現烤起司塔專賣店

BAKE CHEESE TART
天神地下街店

ベイクチーズタルトてんじんちかがいてん

☎092-791-1383

有眾多死忠女粉絲的人氣品牌

Samantha Thavasa
サマンサタバサ

☎092-736-8830

時尚的單把手提包。自然而不顯突兀的蝴蝶結裝飾為設計重點,「M chouchou」41040日圓

酸味適中的起司與酥脆塔皮非常搭!

各家百貨公司的地下部分都是相連的,下雨天也能自在地逛街喔!

JR博多CITY的
吃喝玩樂攻略

福岡的陸上門戶—博多站的車站大樓「博多CITY」，
是囊括了購物、美食、娛樂…
集所有功能於一身的熱門景點。

室內外的藝術裝置
也很有看頭

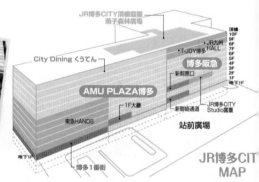

JR博多CITY頂樓庭園
燕子森林廣場

City Dining くうてん

博多阪急

AMU PLAZA博多

新鉄票口

JR博多CITY
Studio廣臺

東急HANDS

站前廣場

頂樓
10F
9F
8F ·T·JOY博多 ·JR九州
7F HALL
6F
5F
4F
3F
2F
1F
地下1F

1F大廳

博多1番街

地下1F

JR博多CIT
MAP

大時鐘為註冊商標的都會型車站大樓

JR博多CITY ジェイアールはかたシティ

JR博多CITY是建於JR博多站博多口的車站大樓，分別由進
駐了約230家個性店舖的「AMU PLAZA博多」、居核心地
位的「博多阪急」、AMU EST、博多DEITOS、DEITOS
ANNEX所構成。屋頂設計了可眺望福岡市區的庭園。

☎092-431-8484（AMU PLAZA博多服務中心）
🏠福岡市博多区博多駅中央街1-1 ‼JR博多站步行即到 [MAP]別冊5 B-1

美食、時尚、娛樂集散地

AMU PLAZA博多 アミュプラザはかた

除了「東急HANDS 博多
店」外，還有以時尚和美食
著稱的「City Dining くうて
ん」，以及娛樂設施等各類
其他地方沒有的熱門去處。

☎092-431-8484（JR博多CITY綜合服務中心）
🕙10:00～21:00（餐廳樓層為11:00～23:00，最晚至翌1:00）
[MAP]別冊5 B-1

SHOP LIST

●DEAN & DELUCA
●LANVIN en Bleu
●BEAMS
●SHIPS
●T·JOY博多　等

九州各地伴手禮及人氣甜點琳瑯滿目

博多阪急 はかたはんきゅう

在關西擁有超高人氣的百貨
公司。聚集了人氣甜點店的
食品樓層「うまちか！」及掌
握了最新潮流的服飾樓層
「HAKATA SISTERS」都值
得一逛。

☎092-461-1381 🕙10:00～21:00（5～8F至20:00）
㊹無休 [MAP]別冊5 B-1

SHOP LIST

●Cafe Regent珈琲舍のだ
●snidel
●Rirandture
●SABON
●Ange Coco
●Calbee+ESSENCE
●薩摩蒸氣屋　等

博多站二三事

外牆上直徑約6m的大時鐘是這裡的象徵。為了讓人身處都會也能感受到大自然氣息，車站內及屋頂使用了約2萬8000片的有田燒磁磚打造出花、鳥、魚、樹葉圖案的壁畫。

精選咖啡廳&餐廳

餐廳 くうてん9F
かしわ屋源次郎
かしわやげんじろう

會因應時節選用包括自家飼養的獨家品種雞等，各種高品質雞肉的雞肉料理專賣店。招牌料理是有2種醬汁可選的親子蓋飯。

☎092-477-9408 ⏰11:00〜22:00

親子蓋飯 800日圓
滑嫩雞蛋包住的雞肉滿是鮮甜滋味

餐廳 博多阪急5F
鼎泰豐
ディンタイフォン

被美國紐約時報選為全球10大餐廳的名店。手工製作的小籠包一日可賣出1000個以上，食譜是不外傳的秘方。

☎092-461-1381 (博多阪急)
⏰11:00〜19:30

小籠包 (6個)
819日圓
幾乎可看見內餡的薄透外皮令人讚嘆

咖啡廳 AMU PLAZA博多5F
espressamente illy
エスプレッサメンテ イリー

義大利咖啡品牌「illy」官方經營的咖啡廳。位於博多站的象徵—大時鐘背後，靠窗的座位可欣賞博多站周邊的街景。

餐廳 くうてん9F
牛たん炭焼 利久
ぎゅうたんすみやきりきゅう

創業超過20年的牛舌專賣店。由於使用的是牛舌中央至舌根的高品質部分，軟嫩口感是最大特色。另外還有牛舌飯糰等餐點。

☎092-413-5335 ⏰11:00〜22:30

牛舌定食 1674日圓
吃得到以炭火燒烤、厚約1cm的牛舌，附麥飯等

咖啡廳 くうてん9F
Campbell early
キャンベル・アーリー

會配合水果的種類及熟度，以最美味的享用方式呈現給顧客。有果代及新鮮果汁等各種使用水果做成的餐點。

☎092-409-6909 ⏰11:00〜22:00

本日
迷你聖代套餐
1280日圓
鬆軟的鬆餅吃得到濃濃牛奶味

illy提拉米蘇
580日圓
滿是illy咖啡風味，吃起來微苦的提拉米蘇

☎092-413-5241
⏰10:00〜21:00

JR博多CITY的人氣伴手禮也不可錯過

一口石板 9個裝1026日圓
看起來像大福，其實是口感鬆軟的松露巧克力。順口的生巧克力內包著鮮奶油。

AMU PLAZA博多1F
Chocolate Shop博多の石畳

博多烤甜甜圈 各87日圓
以輕羹聞名的鹿兒島「薩摩蒸氣屋」所推出的烤甜甜圈。由於非油炸製作，口感柔軟又健康。

博多阪急B1F
薩摩蒸氣屋

(左上起) 山葵豆皮壽司 87日圓，
豆狸豆皮壽司 84日圓，
黃金生薑豆皮壽司 108日圓，
黑豆狸豆皮壽司 130日圓

豆狸豆皮壽司。除了豆狸豆皮壽司、使用黑糖豆皮製作的黑豆狸豆皮壽司等經典款外，放了薑絲的豆皮壽司也很有人氣。

博多阪急B1F
いなりずし專門店 豆狸

(左上起，100g價格) 原味 162日圓，
番薯 194日圓，巧克力 184日圓，
杏仁 184日圓，明太子 238日圓

迷你可頌的排隊名店，許多顧客都買來當伴手禮或稍微填肚子。每種口味都可以單個購買。

博多站大廳內
il FORNO del MIGNON

站內往博多口方向的牆壁上，藏著一隻據說發現了會得到幸福的金色青蛙，不妨找找看！

來趟悠閒的時尚散步
造訪藥院、淨水通

藥院的小巷內藏著許多魅力十足的店舖。
逛完時尚店家及咖啡廳後，
漫步在閒靜的淨水通上往人氣景點動植物園出發吧！

自在地坐在咖啡廳內
感受高雅空間的氛圍

造訪低調名店
尋找好東西

1 淨水通周邊有許多小教堂 **2** 陳列許多雜貨的 B・B・B POTTERS的2 樓附設咖啡廳 **3** 淨水通 是條綠意盎然的坡道 **4** B・B・B POTTERS 的掃印掃把1188日圓 **5** 福岡市動植物園可欣 賞到四季盛開的花朵 **6** 福岡市動植物園的動物 明星—馬來熊 **7** 飾品及 小物種類豐富的 Primrose

整個繞上一圈
3小時

10
17
建議出遊的時段

藥院大通站周邊的商店只要步行就能逛完，步行至福岡市動植物園約20分鐘。如果搭巴士的話，從藥院大通站前的巴士站搭車，大約6分鐘就會到。

夜晚的動植物園

福岡市動植物園在8月到9月第2週的週六會開園至21時，可以趁這個機會觀看動物的夜間生態、欣賞只有在夜晚開花的植物喔。

販售一件件美觀又實用的商品

B・B・B POTTERS
スリービー ポッターズ

販賣簡單又好用的生活雜貨及家飾品。商品自國內外嚴選而來，品質出眾且耐用可靠，2樓附設咖啡廳。

雜貨 ☎092-739-2080
🏠福岡市中央区藥院1-8-8 1・2F ⏰11:00～20:00(咖啡廳為11:30～19:30) 休不定休 P有 🚶西鐵藥院站步行5分 MAP別冊5 C-3

1印刷字體圓杯L尺寸1026日圓，S尺寸810日圓 2一樓還有兒童用品及服飾雜貨等

在舊書與咖啡陪伴下度過怡然自得的時光

Read cafe リード カフェ

由福岡在地出版社「書肆侃侃房」經營的閱讀咖啡廳。店內有該出版社發行的書籍及舊書等種類五花八門的藏書，可一面享用咖啡並自由取閱。

咖啡廳 ☎092-713-8860
🏠福岡市中央区藥院2-2-33 OASビル1F ⏰12:00～22:30(週五、週六至23:30) 休不定休 P無 🚶地下鐵藥院大通站步行即到 MAP別冊5 C-3

1加了冰淇淋的法式吐司650日圓與法式濾壓咖啡450日圓 2挑高天花板營造出開闊感。店內有吧檯座、桌席、沙發座

近距離接觸動物、植物的園地

福岡市動植物園
ふくおかしどうしょくぶつえん

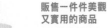

包括了飼養約120種動物的動物園，以及種植約2600種植物的植物園，可自由往來於兩邊參觀。植物園內有玫瑰園、花圃、溫室等。

動植物園 ☎092-531-1968
(綜合服務處) 🏠福岡市中央区南公園1-1 ⏰9:00～16:30 休週一(逢假日則翌日休) ¥600日圓 P有 🚶動物園前巴士站步行即到 MAP別冊5 B-4

1植物園內種有約250種、1100株的玫瑰花，花季時會吸引大批遊客前來 2於2013年改裝完成的「亞洲熱帶溪谷區」

對時尚講究的人絕不可錯過

Primrose プリムローズ

集結了帽子、包包、雜貨、服飾等歐洲風商品的複合品牌店。店內可看到直接從巴黎進口的蕾絲及雜貨、罩衫等成熟可愛風格的商品。

服飾 ☎092-524-7383
🏠福岡市中央区藥院4-18-10 エスポワール淨水通103 ⏰10:30～19:00 休第3週日 P有 🚶地下鐵藥院大通站步行3分 MAP別冊5 B-3

1點綴在罩衫上的蕾絲皆為手工製作 2店內統一採古董風裝潢

B・B・B POTTERS的隔壁為姐妹店BBB&，販賣業務用餐具及烹飪器具等餐飲相關用品。

精選地區／造訪藥院、淨水通

甜點、麵包的美味誘惑無法擋
歡迎來到藥院、淨水通的人氣名店

藥院、淨水通也聚集了許多誘人的甜點名店，
烘焙點心及巧克力等，每樣都讓人心動。
就讓這些人氣名店帶給你甜蜜的美好時光吧。

品嘗創辦人構思的
原創人氣烘焙點心

フランス菓子 16区
フランスがし じゅうろっく

創辦人三嶋主廚原創的法式點心「達克瓦茲」
為人氣商品。展示櫃內擺滿了香氣四溢的烘焙
點心，以及隨季節變換的蛋糕等色彩繽紛的甜
點。

西點 ☎092-531-3011 ⚑福岡市中央区藥院
4-20-10 ⏰9:00～19:00(咖啡廳為10:00～18:30)
㊡週一 🅿有 🚶地下鐵藥院大通站步行4分 MAP別
冊5 B-3

❶使用嚴選材料製作的蛋糕195日圓～，約有26種可挑選 ❷烤得外皮酥脆、內層濕潤的的餅皮
內夾著焦糖風味的奶油，達克瓦茲2個裝400日圓

品嘗高人氣的
一口大小松露巧克力

Cacao Romance
カカオロマンス

位於淨水通的巧克力專賣店。約有50
種口味的一口大小松露巧克力為人氣
商品，一個135日圓～260日圓。還買
得到使用了八女玉露及鹿兒島燒酎的
松露巧克力。

西點 ☎092-524-1288
⚑福岡市中央区淨水通5-12
⏰10:00～19:00
㊡無休 🅿有
🚶西鐵藥院站步行15分
MAP別冊5 B-4

❶巧克力的滋味富含深度，只吃一粒也能讓人無
比滿足 ❷附設的咖啡廳可望見濃蔭綠意 ❸承襲
歐洲正統的巧克力製作技術

甜點以外的隱藏版人氣美食
「Le Cercle」還喝得到現榨葡萄柚汁及醋飲等，500日圓的飲料無限暢飲也很受歡迎。

使用當季水果製作的塔類

1提供10～12種使用堅果、水果、蔬菜製作，表現出季節感的塔類
2吃得到蘑菇及蔬菜等食材的法式鹹派432日圓 **3**店面走法式鄉村風

正統塔類與法式鹹派專賣店

Le Cercle
る・せるくる

塔類與法式鹹派的專賣店。塔類約有15種口味，法式鹹派則以菠菜及蘑菇&培根最受歡迎。附沙拉與飲料吧的Cercle法式鹹派930日圓。

咖啡廳 ☎092-523-8868
🏠福岡市中央区浄水通5-3 浄水通りテラス1F
🕐9:00～18:30
🈺無休 🅿有
‼地下鐵藥院大通站步行10分 MAP 別冊5 B-4

可頌口感濕潤Q彈

三日月屋 藥院店
みかづきややくいんてん

可頌專賣店。吃起來外皮酥脆、內層濕潤，咬下一口就能感受到天然酵母自然的甜味在口中擴散開。有原味及楓糖、黃豆粉等12種口味。

12種口味中最受歡迎的是原味，185日圓～

麵包 ☎092-523-6651 🏠福岡市中央区藥院伊福町11-1
🕐10:00～19:00 🈺週一（逢假日則營業）🅿無 ‼地下鐵藥院大通站步行3分 MAP 別冊5 B-3

剛出爐的可頌香氣飄滿店內

口味豐富的蛋糕及烘焙點心

浄水浪漫 じょうすいろまん

Cacao Romance的姐妹店，販賣約20種的生菓子與約30種的烘焙點心。泡芙150日圓及酥脆的螺絲麵包105日圓等都是人氣商品。

使用了大量雞蛋，口感鬆軟的瑞士捲一條860日圓

西點 ☎092-526-4656 🏠福岡市中央区浄水通4-12 🕐10:00～19:00 🈺無休 🅿有 ‼地下鐵藥院大通站步行12分 MAP 別冊5 B-4

精選地區／甜點、麵包的美味誘惑無法擋

フランス菓子16区及Cacao Romance、Le Cercle都設有可內用的喫茶空間。

集合個性商品的
藥院別緻小店

在藥院巷弄的小店中，
可以發現一件件蘊含著創作者的個性與心意，
獨特又有品味的優質雜貨。

店家的商標及店內擺設等所有
裝潢都是自行打造

■可用半訂做方式選購咖啡廳的桌椅 ■以「汽車旅館」為概念設計出的優雅外觀 ■造型有如葡萄酒瓶的洗碗精DISHSOAP4968日圓與室內芳香噴霧2052日圓 ■店內販賣了以旅行為主題的雜貨與書籍 ■咖啡廳可吃到不使用動物性食品製作的塔類及巧克力蛋糕

家具職人所打造的
展示間兼咖啡廳

LABO BY CODE STYLE
ラボバイコードスタイル

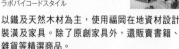

以鐵及天然木材為主，使用福岡在地資材設計裝潢及家具。除了原創家具外，還販賣書籍、雜貨等精選商品。

（家飾品・咖啡廳）☎092-982-0478 △福岡市中央区藥院1-16-16百田興産ビル1F ⏰11:00～19:00 ㊡週三 Ｐ無 ‖藥院大通り巴士站步行5分 MAP別冊5 C-3

店內雜貨洋溢著「可愛」風格

mille ミル

販賣日本國內外創作者所設計的居家、園藝等各類雜貨。商品多為簡樸的繪畫與繽紛和風圖案設計，也很適合買來送禮。

（雜貨、服飾）
☎092-717-7347
△福岡市中央区藥院2-13-24 ⏰11:00～19:30 ㊡不定休 Ｐ無 ‖藥院二丁目巴士站步行3分 MAP別冊5 B-3

■馬克杯756日圓，盤子648日圓 ■針織上衣8640日圓，連身吊帶褲20520日圓，肩背包17280日圓 ■店內展示的器皿及廚房用品 ■店外也展示了商品，感覺十分活潑 ■復刻了昭和時代初期和服圖案的手帕1080日圓～

夏季草帽展
PATINA在每年3～4月會舉辦草帽的預購活動。可以挑選帽子的材質及緞帶，量身訂做出自己專屬的帽子喔。

提供5000種以上材料的手工藝專賣店
Dua福岡 ドゥアふくおか

鈕扣、串珠、墜飾…等，種類豐富的飾品材料專賣店。另外也販賣原創材料及飾品、雜貨。

手工藝材料・飾品

☎092-781-4220 ⌂福岡市中央区藥院1-7-16 ⊕11:00～20:00 困不定休 ℗無 ‼藥院大通り巴士站步行5分 MAP別冊5 C-3

❶店內堆滿了自世界各地蒐集來的可愛材料 ❷五彩繽紛的鈕扣光是欣賞就讓人開心，只購買1個也OK ❸可以挑選材料做出個人原創的飾品 ❹店家位於小巷內，請認明綠色店門

❶位於重新裝修過的大樓4樓 ❷四方形竹籠7500日圓～ ❸住在倫敦的創作者所製作，充滿個性的擺飾各22680日圓 ❹義大利職人製作的舒適針織上衣31000日圓～

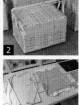

精選雜貨越用越有味道
PATINA パティーナ

店內商品是老闆親自體驗過用起來的感覺，由國內外挑選而來。不論是竹籠或擺飾、陶器等，每件作品都展現了各自的特色。

服飾・生活雜貨

☎092-791-9672 ⌂福岡市中央区藥院1-7-12セルクル藥院402 ⊕11:00～18:00 困週三、週四 ℗無 ‼藥院大通り巴士站步行5分 MAP別冊5 C-3

Dua福岡只要購買材料的話，店員會免費幫你製作飾品喔。所需時間約15分鐘（會依製作物及現場狀況而有不同）。

博多川畔的商人城鎮
自在悠遊川端

川端的街道洋溢著懷舊風情。
漫步在老店林立的拱廊商店街內，
近距離接觸博多特有的傳統工藝吧。

畫有松竹
梅、鶴、龜
等吉祥圖案
的博多曲物

■「博多町家」故鄉館所在的町家樣式建築具備長縱深、高天花板等特色 ②川端商店街展示著的裝飾山笠 ③博多歷史最悠久的川端商店街 ④曲物杯墊（附圖案）756日圓 ⑤商店街內聚集了食堂及雜貨店等 ⑥博多織名片夾，博多織過去多用於製作和服腰帶 ⑦「博多町家」故鄉館的展示棟2樓為傳統工藝士的實作示範區

博多情懷重現眼前

「博多町家」故鄉館 はかたまちやふるさとかん

介紹明治、大正時期的博多生活與文化。這裡包括了遷建、復原明治時代中期町家的町家棟，以及介紹博多的祭典、生活習慣的展示棟。

資料館 ☎092-281-7761 ⛩福岡市博多区冷泉町6-10 ①10:00～18:00（展示棟為～17:30）⌫無休 ￥200日圓（町家棟、伴手禮店為免費）Ⓟ無 🚉地下鐵祇園站步行5分 MAP別冊6 E-4

白牆及切妻瓦屋頂的木造二層町家建築。鄰近櫛田神社

町家棟每天都有博多織的實作示範，也可以進行體驗

集博多傳統工藝品於一堂

博多傳統工藝館 はかたでんとうこうげいかん

從博多織及博多人偶的歷史、製作過程，到曲物、陀螺、剪刀、紙傘等，介紹與福岡有深厚淵源的傳統工藝品。

工藝館 ☎092-409-5450 ⛩福岡市博多区上川端町6-1 ①10:00～17:30 ⌫週三（逢假日則翌日休）Ⓟ無 🚉地下鐵中洲川端站步行5分 MAP別冊6 E-4

名稱是因過去曾進貢給幕府而來

1樓為特展區與喫茶空間，2樓為常設展區

曾進貢給幕府的「獻上博多織」

以《博多っ子純情》聞名的漫畫家長谷川法世

「博多町家」故鄉館的館長是筆下作品以博多為題材的知名漫畫家長谷川法世。館內也有販賣他的代表作《博多っ子純情》及便箋等商品。

販賣博多二〇加（niwaka）特色商品

松田ネーム刺繍店 まつだネームししゅうてん

創業於1933（昭和8）年的刺繡店，販賣以博多鄉土藝能博多二〇加及博多腔為構想的商品。另外也接受繡標的訂做。

服飾 ☎092-291-5889
⌂福岡市博多区上川端町10-261 ◷10:00～19:00 休週日
P無 ‼地下鐵中洲川端站步行即到 MAP別冊6 D-3

店面位於商店街靠近中洲川端站那一頭

博多二〇加繡標（小）324日圓～

博多川端創業60餘年的老字號人偶店

增屋 ますや

自1952（昭和27）年創業以來，販賣博多人偶、博多織、和風民俗工藝等商品的老店。店面後方裝飾了許多博多人偶。

增屋的博多
Osshoi人偶
1944日圓

民俗藝品
☎092-281-0083
⌂福岡市博多区上川端町6-138 ◷10:00～19:00 休無休 P有
‼地下鐵中洲川端站步行3分 MAP別冊6 D-4

博多人偶價格為1000多日圓起，另外還販售博多織的和服小物等

大正時期的善哉紅豆湯滋味傳承至今

川端ぜんざい広場 かわばたぜんざいひろば

提供在地人所熟悉的博多平民美食——川端善哉紅豆湯。位於上川端通特別開放的區域，只有在週末及舉辦活動時品嘗得到。

川端善哉紅豆湯500日圓（可能會有變動）

甜品店 ☎092-281-6223（上川端商店街辦公室）⌂福岡市博多区上川端町10-256 ◷11:00～18:00（需洽詢）休週一～週四（逢假日、商店街活動時則營業）P無 ‼地下鐵中洲川端站步行3分 MAP別冊6 D-3

走訪一家接一家的博多老店

上川端商店街 かみかわばたしょうてんがい

以老牌商店為中心，聚集了超過100家店鋪的拱廊街。鄰近博多的總鎮守——櫛田神社，走入巷弄可看到散發懷舊氣息的街景。

商店街的川端ぜんざい広場常設有博多祇園山笠的裝飾山笠

商店街 ☎092-281-6223
（上川端商店街振興組合）
⌂福岡市博多区上川端町6-135
◷因店鋪而異 休因店鋪而異
P無
MAP別冊6 D-4

精選地區／自在悠遊川端

除了以上介紹的店家外，上川端商店街還有販賣博多剪刀的「高柳商店」、博多曲物的「柴田德商店」等傳統工藝的商店。

在地人的廚房
前往柳橋連合市場的隱藏名店一探究竟

位於天神南側春吉地區的柳橋連合市場自古以來便是
博多的廚房，連專業廚師也會前來採買。
在這座聚集了當令食材的市場內，有各種美食等著你發掘。

1當令全餐4800日圓的一部分菜色，蔬菜雕刻與生魚片拼盤 **2**料理用到了紫蘿蔔、白蕪菁、蒿蔥等五彩繽紛的少見蔬菜 **3**1樓有吧檯座與桌席，2樓則有包廂

徹底呈現蔬菜的美味
蓮
れん

位於柳橋連合市場內，氣氛閑靜的和食餐廳，提供以蔬菜料理為中心的餐點。店面緊鄰擅長蔬菜雕刻的老字號蔬果店「八百光」，能在此品嘗到使用全國各地罕見蔬菜製作的全餐料理。

和食 ☎092-737-2155 🏠福岡市中央区春吉1-10-1 ⏰12:00～15:00（僅午餐為最晚前日預約的預約制）、17:30～22:30 🈳週日、假日 🅿無 🍴柳橋巴士站步行3分 MAP別冊5 A-2

能以實惠價格品嘗當令海鮮
柳橋食堂
やなぎばししょくどう

由市場內的吉田鮮魚店直營的食堂，提供約40種使用當令海鮮製作的餐點。人氣美食為吃到得當天上岸漁獲的海鮮蓋飯670日圓。

魚料理 ☎092-761-1811 🏠福岡市中央区春吉1-1-10 ⏰11:00～15:00 🈳週日、假日 🅿無 🍴柳橋巴士站步行即到 MAP別冊5 A-2

虎河豚生魚片定食1850日圓～（6月～8月需確認）

柳橋連合市場
是什麼樣的地方？

在JR博多站前搭乘行經城南線的巴士於柳橋巴士站下車，對面便是柳橋連合市場，寬約3m的小路及數條巷弄內約有50家店鋪林立。從專業廚師到家庭主婦都會來此購買玄界灘的新鮮海產、博多名產明太子等，人來人往、熱鬧不已。

周邊圖◆別冊5 A-2

市場內狹窄的路上兩旁都是商家

博多名產辣明太子，價格因大小而異

鮮魚店內擺滿了漁港直送的新鮮漁獲，種類十分豐富

有的人還會邊吃著剛炸好的魚漿製品邊逛市場

今天的點心就吃樸實又懷舊的和菓子吧

升起美食天線，所有好吃的東西全不放過！

糖炒栗子的香甜氣味超誘人

袋裝天津甘栗200g800日圓～

甘栗屋
あまぐりや

位於柳橋連合市場旁的糖炒栗子專賣店。使用來自中國河北省，樹齡超過百年的老樹所結的栗子，在店裡花上40分鐘慢慢用石頭炒熟。10月中旬開始是最適合品嘗新栗的季節。

糖炒栗子 ☎092-762-8611 ⛩福岡市中央区春吉1-22 ⏰10:00～19:00(售完打烊) 🈳週日、假日 🅿無 ‼柳橋巴士步行即到 Ⓜ別冊5 A-2

為了避免炒得不均勻，要一面加入用水稀釋的麥芽糖，一面判斷要拌炒到什麼樣的程度

像點心般的和菓子&麵包

用米油炸得酥脆的柳橋咖哩麵包180日圓(右)與圓滾滾鬆軟炸麵包50日圓(左)

髙島屋・やなぎばしのぱん屋さん
たかしまやなやなぎばしのぱんやさん

於1952(昭和27)年創業，由第二代的老闆製作和菓子，第三代的小老闆夫妻則負責做麵包。和菓子及麵包都可以單個購買。最受歡迎的麵包是柳橋咖哩麵包。

和菓子・麵包 ☎092-761-3462 ⛩福岡市中央区春吉1-2-1 ⏰9:00～18:00 🈳週日、假日 🅿無 ‼柳橋巴士站步行3分 Ⓜ別冊5 A-2

店內氣氛讓人感覺像在家裡，很有親切感

精心製作出明太子中的珍品

以羅臼產昆布醃漬北海道產原卵所做成的辣明太子135g1620日圓～

原口海產物專門店柳橋連合市場店
はらぐちかいさんぶつせんもんてん やなぎばしれんごういちばてん

從當令海鮮到秤重計價的明太子都很有人氣。明太子是使用羅臼產一等昆布醬汁醃漬阿拉斯加鱈魚的原卵製作而成，剛入口時甜味會在口中擴散，之後辣度才會出來。

辣明太子 ☎092-761-3377 ⛩福岡市中央区春吉1-3-3 ⏰8:00～17:30 🈳週日、假日 🅿無 ‼柳橋巴士站步行即到 Ⓜ別冊5 A-2

放有明太子、昆布、柚子胡椒的鹽辛花枝風柚子花枝明太子270g1080日圓

11月第1個週日市場會舉辦「うまかもん祭り」，除了平時的店舖外，還會有連綿的屋台與舞台活動等。

想看海景就來這
眺望博多灣的最佳景點

福岡的地標—福岡塔就聳立在
有舒適海風吹拂的海濱百道。
以下就為你介紹哪裡是最佳的看海景點。

1從福岡塔的展望室眺望百道海濱的Marizon 2展望室可欣賞福岡市區的夜景 3面對著美麗海景的海濱地區 4半鏡面外牆給人時髦印象 5每逢聖誕節、情人節等節日及活動時，會實施夜間點燈 63樓為福岡第一個被認定為「戀人聖地」的景點

百道海濱的象徵
也是日本最高的海濱塔

福岡塔 ふくおかタワー

外牆使用了8000片半鏡面玻璃，營造出簡潔俐落感。高度達234m，是日本最高的海濱塔。離地面123m高的展望室可欣賞到360度的全視野美景。

可從展望室遠眺能古島及志賀島

☎092-823-0234 🏠福岡市早良区百道浜2-3-26 🕙9:30～22:00 🈺6月會有2天不定休 💴800日圓 🅿有 🚡福岡タワー南口巴士站步行即到 🗺別冊3 C-3

從離地120m處
自在悠閒欣賞海景

Sky Lounge Refuge
スカイラウンジ ルフージュ

可欣賞到福岡市區360度全景的空中咖啡廳

位於福岡塔4樓，距離地面高度120m的沙發咖啡廳。所有座位皆面窗，景觀絕佳。午餐提供咖哩及義大利麵等，晚餐則是最晚一天前預約的預約制全餐。晚間6時起每人收300日圓開桌費。

全餐最晚要在一天前預約，午餐2180日圓～，晚餐3000日圓～

☎092-833-8255 🏠福岡市早良区百道浜2-3-26 福岡塔 4F 🕙10:30～21:30(餐點為11:00～21:00) 🈺不定休 🅿有 🚡福岡タワー南口巴士站步行即到 🗺別冊3 C-3

搭乘水上巴士「福博みなとであい船」暢遊博多灣

如果想好好欣賞博多灣景色，不妨搭乘從天神出發的水上巴士「福博みなとであい船」。有那珂川遊覽路線及那珂川、博多灣周遊路線。

☎080-5215-6555（那珂川水上觀光、博多海洋觀光）
☎092-734-0228（中洲博多舟）

美麗的白砂青松海岸線
海濱百道海濱公園
シーサイドももちかいひんこうえん

位於福岡塔北側海岸線的人工沙灘，以白砂與黑松重現了白砂青松的海岸美景。夏天時海灘上會有海之家營業，湧入大批前來戲水的遊客。複合設施Marizon就位在附近。

☎092-822-8141（海濱公園管理辦公室）🏠福岡市早良區シーサイドももち海浜公園 🕐自由入園 🅿有 🍴福岡タワー南口巴士站步行3分
🗺別冊3 C-3

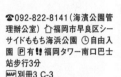
沿著海岸線種植了整排松樹

看得到福岡塔及福岡YAHUOKU！巨蛋的風景名勝

加了絲綢的霜淇淋吃起來滑順&濃郁
北キツネの大好物 福岡塔店
きたキツネのだいこうぶつふくおかタワーてん

位於福岡塔佔地內的霜淇淋專賣店。使用乳成份8%的最高等級北海道產鮮奶油，並加進了絲綢粉，口感滑順無比。外帶、內用都OK。

☎092-823-1770 🏠福岡市早良區百道浜2-3-26 🕐12:00～22:00（夏季為10:00～延後打烊，需洽詢）🈺不定休 🅿有 🍴福岡タワー南口巴士站步行即到 🗺別冊3 C-3

巧克力與莓果的酸味搭配出絕妙滋味，特濃巧克力口味575日圓（商品依季節而異）

消費1000日圓以上可在店前的停車場免費停車2小時

壯闊海景近在眼前
THE BEACH
ザビーチ

位在緊鄰博多灣的Marizon設施內，設有50席露天的露臺座。餐點包括了分量十足的夏威夷漢堡排飯、瑪格麗特披薩、義式牛肋脊肉切片等，還有各種搭配料理的酒類。

☎092-845-6636 🏠福岡市早良區百道浜2-902-1 Marizon內 🕐11:30～22:00 🈺無休（11月～3月為週三休）🅿有 🍴福岡タワー南口巴士站步行3分 🗺別冊3 C-3

人氣料理夏威夷漢堡排飯 1100日圓

空間寬敞舒適

餐點種類繁多，不論來用餐或休息都適合

還有可看見海景的露天露臺
※今後可能會改變營業型態

從客房欣賞博多灣景色
福岡海鷹希爾頓酒店
ヒルトン福岡シーホーク

以海景房為主，總共有1053間客房的都市型度假飯店。可以180度眺望博多灣景色的按摩浴缸環景大套房很有人氣。
🗺P.100

高樓層的客房可將博多灣盡收眼底

精選地區／想看海景就來這

據說在福岡塔內的戀人聖地將心形鎖頭鎖在「誓言之籠」上，兩人的愛情便會永恆不變。

祭典的熱鬧氣氛撼動人心
博多祇園山笠&博多咚打鼓海港節

博多祇園山笠與博多咚打鼓海港節是福岡最具代表性的祭典。
即便只是在一旁觀賞，也讓人熱血沸騰，全身充滿活力。
千萬別錯過這兩個能見識到博多男兒勇壯之姿的祭典！

博多祇園山笠

傳承超過770年的傳統祭典

博多的總守護神—櫛田神社的盛大祭典。以町為單位的自治組織「流」會在每年製作一台昇山，並由各流扛著昇山繞行博多各町。祭典由豪華絢爛的「裝飾山笠」展示揭開序幕，最後則是祭典的高潮「追山笠」，期間會有約300萬名遊客自全國各地前來觀賞。

☎092-291-2951（櫛田神社）　MAP 別冊6 D-4

在鼓掌與歡呼聲中奔馳的男兒們

裝飾山笠

博多區至中央區之間的13處設置了高度達十幾公尺的裝飾山笠，其中只有上川端通的裝飾山笠會作為「走飾山笠」獻給神明。

觀賞「追山笠」的地點

搭設於櫛田神社內的看臺是最佳的觀賞地點，但這裡只有預售票，而且一開賣就會被搶購一空，很難買到。如果想好好觀賞的話，不妨前往冷泉公園一帶的土居通，要進入櫛田神社的昇山都會聚集於此。

走る飾り山笠

櫛田神社是博多的總守護神，也是博多祇園山笠步入尾聲時的「追山笠」起點。神社內有博多歷史館。

櫛田神社 くしだじんじゃ

☎092-291-2951　●福岡市博多區上川端町1-41　●自由參觀
P有　!!地下鐵祇園站步行5分
MAP 別冊6 D-4

什麼是追山笠

7月15日的追山笠是由東流、中洲流、西流、千代流、惠比須流、土居流、大黑流等7個「流」設法在約112m的距離內跑出最快時間。成績優異的話，觀眾席便會傳來歡呼聲。

從7月10日的流昇起才能看到「昇山」

身著短褂的模樣充滿了傳統氣息

主要日程

7月 1日	裝飾山笠公開
	該年輪值的町進行汐井取
7月 9日	全流汐井取
7月10日	流昇
7月12日	追山演習
7月13日	集團山見
7月14日	流昇
7月15日	追山笠

「追山笠」是由各個流的山笠繞行櫛田神社的「清道」，在到達決勝點須崎問屋街為止奔馳約5km

博多咚打鼓海港節之名據說是由荷蘭語的Zondag（假日）而來

博多咚打鼓海港節

福岡市全城參與的一大盛事

博多咚打鼓海港節是在每年5月3日與4日舉辦的活動。總計約有700個團體參加，活動期間「松囃子」的福神、惠比須、大黑天等三位福神會與幼兒一同巡迴市區，在福岡市內各處設置的舞台也會舉辦各式各樣的活動。

☎ 092-441-1118（福岡商工會議所）　MAP 別冊7 C-3

觀賞重點看過來

從博多區吳服町直達天神的明治通會冠上「咚打鼓廣場」之名規劃為行人徒步區，屆時將有約2萬人的遊行、表演在此依序展開。

山笠在男人們「喔咿撒、喔咿撒」的呦喝聲中奔馳而過

每個町及流的短褂各有不同，從圖案就可以看出是哪個流

主要節目

◎ 咚打鼓花車
5月2日至4日晚間會行駛於福岡市內的幹道。

◎ 樂儀隊遊行
有幼稚園、國小、國中、高中、大學生、企業、公家單位的樂儀隊參加，在咚打鼓廣場上進行華麗的演奏遊行。

◎ 全體舞蹈
於5月4日晚上舉行，為博多咚打鼓下句點的節目。可隨時中途加入，觀眾也可以自由參加。

為祭典揭開序幕的「松囃子」

花車每年會有不同設計

追山笠起跑前的景象。參加者會與觀眾一同高唱祝福之歌《祝いめでた》

山笠明快有力的呦喝聲「喔咿撒」據說是將「喔、咻咿」縮短而來的。

為知性與感性帶來新體驗
美術館&博物館巡禮

福岡自古以來就是接收亞洲大陸文化的窗口。
不妨去美術館及博物館認識一下這裡的文化及歷史，
提升自我的知性與美感吧。

1正對著海濱百道的「よかトピア通」 **2**於常設展示室展出的國寶金印不可錯過 **3**餐廳採整面落地玻璃設計

1位於Riverain Center大樓的7、8樓 **2**藉由堪稱世界最高水準的館藏，系統性地介紹亞洲近現代美術的發展

帶你認識福岡源流的博物館

福岡市博物館
ふくおかしはくぶつかん

博物館內介紹了國寶金印、黑田官兵衛的資料等福岡的歷史與生活樣貌。還設有可玩到亞洲各國玩具的體驗學習室、販賣人氣金印商品的商店及餐廳等。

☎092-845-5011 🏠福岡市早良区百道浜3-1-1 ⏰9:30～17:00 休週一(逢假日則翌平日休) ¥常設展200日圓 P有 🚌福岡タワー南口巴士站步行4分
MAP 別冊3 C-3

展示亞洲各國的近現代美術作品

福岡亞洲美術館
ふくおかアジアびじゅつかん

位於博多Riverain內，專門蒐集、展示亞洲各國的近現代美術作品。還會邀請亞洲的藝術家前來主持工作坊等，舉辦各式各樣的活動。

☎092-263-1100 🏠福岡市博多区下川端町3-1リバレインセンタービル7・8F ⏰10:00～19:30 休週三(逢假日則翌平日休) ¥亞洲藝廊200日圓 P有 🚇地下鐵中洲川端站步行即到
MAP 別冊6 D-2

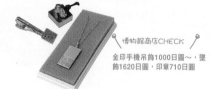

↗博物館商店CHECK
金印手機吊飾1000日圓～、墜飾1620日圓，印章710日圓

↗博物館商店CHECK
以印度畫家Jamini Roy作品《小鹿》為原型的手機吊飾各500日圓

近距離接觸值得一看的藝術傑作

這裡介紹5間支撐起福岡文化的代表性博物館。除了館內的展示品外，建築物本身也值得一看。博物館販賣的紀念品適合作為伴手禮。

位於市民的休憩場所大濠公園內

位於昭和通的十字路口

活躍於大正時代的畫家，古賀春江的《窗》

網羅了世界級畫家的畫作及在地藝術家的作品與古美術品

福岡市美術館

ふくおかしびじゅつかん

館內收藏了達利、夏卡爾、米羅、安迪·沃荷等世界知名畫家的畫作，以及青木繁、坂本繁二郎等在地藝術家的作品，另外還有黑田家的美術品等。

☎092-714-6051 ⌂福岡市中央区大濠公園1-6 ⏱9:30～17:00(7·8月～19:00，週日、假日除外) 困週一(逢假日則翌平日休) ¥常設展200日圓 P有 ‼地下鐵大濠公園站步行10分 MAP別冊4 A-3

2016年9月～2019年3月（預定）因改裝工程關係休館。

博物館商店CHECK

以博多禪僧仙厓的《圓想圖》為靈感所設計的仙厓手帕1080日圓

古典美麗的紅磚洋樓

福岡市赤煉瓦文化館(福岡市文學館)

ふくおかしあかれんがぶんかかん(ふくおかしぶんがくかん)

這棟美麗的紅磚洋樓是1909（明治42）年作為日本生命九州分公司所建。1樓展示了與福岡有關的文學作品及資料。

☎092-722-4666 ⌂福岡市中央区天神1-15-30 ⏱9:00～21:00 困週一(逢假日則翌日休) ¥免費 P無 ‼地下鐵天神站步行5分 MAP別冊7 B-2

充滿異國風情與古典美的這棟建築已被指定為重要文化財，是福岡市珍貴的文化遺產。由辰野金吾所設計。

※照片提供：福岡市

以「與美同樂的美術館」為理念

福岡縣立美術館

ふくおかけんりつびじゅつかん

以「與美同樂的美術館」為理念，館藏以坂本繁二郎、兒島善三郎、古賀春江、高島野十郎等，與當地有深厚淵源的藝術家作品為主。館內還有可閱覽美術相關書籍的美術圖書室。

☎092-715-3551 ⌂福岡市中央区天神5-2-1 ⏱10:00～17:30(美術圖書室為9:00～) 困週一(逢假日則翌平日休) ¥館藏展210日圓 P有 ‼地下鐵天神站步行10分 MAP別冊4 B-2

福岡縣立美術館位在綠意盎然的須崎公園內，外牆以磁磚表現出博多織的圖樣。

福岡市赤煉瓦文化館以外的4座博物館都附設咖啡廳，欣賞完藝術作品後可以順道去休息一下。

造訪四季花朵繽紛絢麗的可愛小島
來趟能古島小遊船之旅

從姪濱的能古島渡船場搭船10分鐘就能抵達位在博多灣上的能古島。
在這座海岸線全長僅12km的小島上，
有花田、動物園、景色優美的海水浴場等各式各樣的遊憩景點。

1

背後是美麗海景的廣大花田

能古島海島公園
のこのしま　アイランドパーク

這座自然公園位在整座島上視野最棒的地方，園內一年四季都能欣賞到美麗花朵，同時還有餐廳及住宿設施。NokoNoko Ball等遊樂設施以及能看到兔子、山羊的迷你動物園都很受歡迎。

☎092-881-2494 🏠福岡市西區能古島
🕘9:00～17:30（週日、假日為～18:30）
🈺無休 💴1000日圓 🅿有 ‼アイランドパーク巴士站步行即到 MAP91

2

3

4

1 三月上旬至四月中旬是最適合觀賞油菜花的時期。四月還能同時觀賞櫻花
2 夏天可看到向日葵盛開 3 迷你動物園旁的懸觀音能看到美麗的夕陽 4 還有能夠體驗陶器彩繪及轆轤捏陶的設施

能古島海島公園內的人氣設施

迷你動物園
ミニどうぶつえん

寬廣的用地內有雞、山羊、兔子等各種動物居住的小屋。還可購買飼料（100日圓）餵食。

兔子的可愛模樣超療癒

喫茶夢路
きっさゆめじ

藍色的時髦建築與紅色郵筒十分醒目。手工蛋糕套餐與當令果昔很受歡迎。

古雅建築散發懷舊氣氛

百姓家
ひゃくしょうや

重現了爐灶、地爐、五右衛門風呂等明治時代住家樣貌的民家，能夠一窺當時簡樸的生活。

可以看到明治時代的家具、用品等

島や
しまや

歷史悠久的古宅，福岡市有形文化財「舊山下家」。販賣許多竹製民俗工藝品及縮緬細工的和風小物等。

和風雜貨適合當作伴手禮

整個繞上一圈

4小時

10
18

建議出發的時段

從能古島的渡船場搭乘巴士到能古島海島公園約10分鐘。由於公園佔地遼闊,想要逛得悠閒點的話,建議預留3小時。渡船場周邊有咖啡店及伴手禮店。

如何去能古島

從姪濱旅客候船室的能古島渡船場搭乘渡輪(市營渡輪)到能古島約10分鐘。在特定時段1小時有1班船,船資為單程230日圓。☎092-881-8709(姪濱旅客候船室)另外也有速度較渡輪快的海上計程車(1人500~2000日圓,依搭乘人數而異)。☎090-2715-7715

有燉煮料理、2種小菜、白飯、湯品的2000日圓、3000日圓、5000日圓全餐。最晚要在2日前預約

做成能古島形狀的酥餅

點飲料會附贈獨家製作的酥餅

正北方
地北方
0 500m
1:75,000

● 能古島露營場
● 能古島海島公園

能古中·小
C 風庵
S のこの市
渡輪乘船處
白鬚神社
福岡市營渡船
noconico cafe

精選地區／來趟能古島小遊船之旅

在氣氛景觀俱佳的咖啡廳用餐

風庵 ふうあん

靠近渡船場的咖啡廳,可以在這裡一面看海一面享用午餐。餐點包括了使用向當地漁夫購買的海鮮,每天變換菜色的全餐,以及牛肉燴飯、義大利麵等。

☎092-891-5637 △福岡市西區能古444-3 ⒣11:30~19:00(19:00以後為預約制)困無休 ᴾ無 ‼能古渡船場步行5分 ᴹᴬᴾ91

店內靜靜播放著古典樂

適合打發等船時間的好所在

noconico cafe ノコニコカフェ

渡船場近在眼前的露天咖啡廳。提供的幾乎都是熱壓三明治、烘焙點心之類可外帶的餐點。貼有復古標籤的能古島汽水1瓶210日圓。

☎無 △福岡市西區能古457-1 ⒣中午前後~日落(夏季可能會在特定日子延長)困不定休(有冬季歇業)ᴾ無 ‼能古渡船場步行即到 ᴹᴬᴾ91

帶有滿滿汽泡的「漂浮汽水」400日圓(夏季限定)

店家原創的圓徽章150日圓~

外觀色彩繽紛的露天咖啡廳

購買能古島伴手禮就來這

のこの市 のこのいち

店面就位於渡船場旁,人氣商品為細而富嚼勁的「能古烏龍麵」,以及使用島上特產紅番薯製成的番薯燒酎(1950日圓~)等。不妨向店員打聽看看有哪些當令的特產。

☎092-881-2013(能古市觀光服務處)△福岡市西區能古457-16 ⒣8:30~17:30(1·2月為9:00~17:00)困無休 ᴾ無 ‼能古渡船場步行即到 ᴹᴬᴾ91

「能古水果果凍」1個120日圓。有能古島產伊予柑、甘夏柑、日向夏柑等3種口味,春~秋限定

細麵「能古烏龍麵」。3人份組合1150日圓

販賣各種能古島的在地特產

由於能古島多坡道,建議搭乘巴士在島上移動。8時~18時之間約每小時有一班。

91

從市區可直達的海濱地區
前往大海圍繞的海之中道

海之中道是總長11.6km的半島，分隔了博多灣與玄界灘。
筆直的道路兩旁分別是入選「日本白砂青松100選」與
「日本海灘百選」的美麗海岸線。

1 每天表演的超高人氣海豚秀 2 可以從下方仰望在水中悠自得的魚兒，感覺自己彷彿也置身大海 3 可以看到海獅、海豹等棲息於海中的哺乳動物 4 巨大鯊魚「沙虎鯊」與沙丁魚群從眼前游過 5 潛水員潛入超過3公尺長的鯊魚水槽中

近距離接觸多采多姿的海洋生物
海洋世界海之中道
マリンワールドうみのなかみち

可望見博多灣景色的水族館。海獅、海豚與訓練員一同為觀眾帶來歡樂的表演秀非常受歡迎。還可以看到住在大水槽內，長度超過3m的巨大鯊魚及閃爍著銀色光芒的沙丁魚群。

海豚秀是在全天候開放的海洋劇場表演

☎092-603-0400 　福岡市東區西戶崎18-28　9:30～17:30(12月～2月為10:00～17:00、7月15日～8月31日為9:00～21:30、9月每週六、週日、假日為9:30～21:30)　2月第1週一與翌日　2300日圓　有　海之中道渡船場步行即到 MAP 93

從海上前往海之中道

福岡市內可以搭乘從Bayside Place博多及Marizon出發的渡輪「Uminaka Line」。航行時間約20分，單程船資1030日圓。冬季可能會有停航日。開船時間需確認。

☎092-845-1405(ももち售票處)
☎092-603-1565(海之中道候船處)

觀景好選擇—潮見公園

潮見公園是志賀島最佳觀景地點，可將博多灣及福岡市區盡收眼底。觀景台還能遠眺糸島半島，晚上則能欣賞繽紛燦爛的夜景。MAP 93

10月中旬可欣賞整片的波斯菊花海

在遼闊的公園內盡情遊玩

海之中道海濱公園 うみのなかみちかいひんこうえん

佔地廣達293萬㎡，園內有動物森林、玫瑰園、花田等各種設施，能在這裡玩上一整天。提供自行車租借服務，可以在舒適海風的吹拂下在園內悠閒騎乘。

設有可與天竺鼠等小動物近距離接觸的區域

動物博物館商店有販賣各式商品

☎092-603-1111 🏠福岡市東區西戶崎18-25 🕘9:30～17:30(11月～2月為～17:00，會因游泳池開放期間、活動等而有更動) 🈺2月第1週一與翌日 ¥410日圓 🅿有 🍴海之中道渡船場步行5分 MAP 93

品嘗志賀島的著名熱狗堡

やすらぎ丸 やすらぎまる

位在從海之中道前往志賀島的馬路旁。夾有骰子牛排與炸花枝的金印熱狗堡為著名美食，另外還有起司熱狗堡等10種以上口味。

金印熱狗堡550日圓，香酥烤麵包上淋有自製醬料

☎092-605-4500 🏠福岡市東區西戶崎 志賀島手前 🕘12:00～翌3:00 🈺無休(天候不佳時歇業) 🅿有 🍴大竹松原巴士站步行即到 MAP 93

店面做成了船的造型

大啖美味海鮮蓋飯

海の中道 海辺の里 うみのなかみちうみべのさと

可以品嘗志賀島名產「蠑螺蓋飯」及約20種的海鮮蓋飯等，靠海城鎮才吃得到的豐盛料理。附設的物產館有販賣天然海帶芽及手工製作的一夜干、活蠑螺等。

☎092-603-1508 🏠福岡市東區大岳4-3-123 🕘9:30～17:00(食堂為11:00～15:00、12～3月為～14:30) 🈺12～3月的週三 🅿有 🍴大岳巴士站步行即到 MAP 93

位於縣道59號旁，由食堂與物產館構成的設施

提供放有滿滿當令生魚片，色彩繽紛的海鮮蓋飯、花枝蓋飯、生魚片定食等餐點。價格需洽詢

海洋世界海之中道在黃金週及暑假等期間舉辦的「夜間水族館」可以看到魚在睡覺的珍貴景象喔。

潮見公園

志賀海神社

金印公園

海洋世界海之中道

海之中道站

JR香椎線

香椎→

海之中道海濱公園

海の中道 海辺の里

市營渡船志賀島航路(志賀島－博多)

やすらぎ丸

Uminaka Line

乘船處(安田產業汽船)

西戶崎站

正上方為北方

0　　2km

1:175,000

品嘗職人們的真誠心意
Made in福岡的在地糕點物語

福岡是座有豐富在地糕點的城市。
從長銷的和菓子到現在當紅的甜點，
每一款帶來甜蜜與幸福的商品背後都有自己的故事。

筑紫麻糬6個裝648日圓
表面灑有以高級去皮黃豆做成的
黃豆粉。可依個人喜好淋上黑糖
蜜享用

鶴乃子
2個裝300日圓
柔軟飽滿的外皮內包著蛋黃餡

博多よかいもとっとーと
8個裝648日圓
使用口感溫熱鬆軟的番薯與馬
斯卡彭起司做成的烘焙點心

仙厓最中餅
8個裝1080日圓
包著與福岡有深厚淵源的
禪僧—仙厓筆下詩句的紙
片

草莓大福1個195日圓
以滑順白豆沙餡與麻糬包住新
鮮草莓做成的大福。1月上
旬～3月下旬限定

鹽豆大福
1個120日圓
紅豌豆的鹹味與紅豆
餡的甜味堪稱絕配

曲水之詩1個119日圓
使用帶透明感的梅酒製作的
水菓子，藉此表現出古代萬
葉歌人的曲水之宴

雞卵素麵
1080日圓
在糖蜜中一點點地加入雞
蛋，做成麵線般，為日本三
大在地糕點之一

如水庵 博多站前本店
じょすいあんはかたえきまえほんてん

以知名博多糕點「筑紫麻糬」聞名的和菓子店。在和菓子的
製作上始終對紅豆、鹽、水等原料毫不馬虎。使用草莓、葡
萄等當令水果製作的大福也很有人氣。

☎092-475-0052 ⌂福岡市博
多区博多駅前2-19-29 ⏰9:00
～19:00(週六、週日、假日為
9:30～18:00) 休無休 P無
‼JR博多站步行5分 MAP別冊5
B-1

石村萬盛堂本店
いしむらまんせいどうほんてん

創業於1905(明治38)年。率先將來自國外的棉花糖技術
引進糕點製作中，打造出了招牌商品「鶴乃子」。鶴乃子柔
軟而飽滿的外皮內包有蛋黃餡，甜味溫和順口。

☎092-291-1592
⌂福岡市博多区須崎町2-1
⏰9:00～19:30 休無休
P有 ‼地下鐵中洲川端站步行
5分 MAP別冊7 C-2

糕點的故鄉

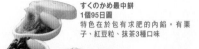

許多福岡在地糕點都是源自筑豐地方，據說這是因為過去長崎的砂糖及糕點文化傳入當地，甜食剛好又可以為在礦坑工作的礦工補充能量，因此大受歡迎。

千鳥饅頭5個550日圓
包有滑順好入喉，質地柔軟的白豆沙餡

TIROLIAN捲心酥1號圓罐
25支裝1080日圓
讓來自歐洲提洛溪谷的餅乾呈現新風貌。有咖啡及香草等4種口味

丸芳露
10個裝700日圓～
以1630（寬永7）年自葡萄牙學得的技術所製作的和菓子

博多小栗
5個裝540日圓
以酥脆外皮包住帶有整顆嚴選栗子的內餡

すくのかめ最中餅
1個95日圓
特色在於包有求肥的內餡。有栗子、紅豆粒、抹茶3種口味

蜜豆銅鑼燒1個115日圓
包有豆類及栗子等7種材料做成的蜜豆餡

南蠻往來
1個160日圓
濃郁的奶油滋味搭配杏仁的深沉香氣，凸顯出覆盆子果醬的酸甜

福よか派1個135日圓
使用發酵奶油的香濃派皮內包著紫番薯餡與紅豆餡

千鳥屋本家 新天町 北通店
ちどりやほんけしんてんちょうきたどおりてん

昭和初期所開發出的招牌商品「千鳥饅頭」在因煤礦繁榮的筑豐地方熱銷，成為超人氣和菓子，是福岡伴手禮的代名詞。

☎092-751-9084
🏠福岡市中央区天神2-8-124
🕐9:00～20:00 休無休
P無
🍴地下鐵天神站步行即到
MAP別冊8 F-2

さかえ屋 博多Ming店
さかえやはかたマイングてん

創業於過去因宿場町、煤礦而繁榮的飯塚市，於福岡縣內販賣特色和洋菓子。博多Ming店最推薦的是「南蠻往來」，發售30年來一直深受在地人喜愛。

☎092-414-5882
🏠福岡市博多区博多駅中央街1-1 マイング內 🕐9:00～21:00
休無休 P無
🍴JR博多站步行即到
MAP別冊5 B-1

許多糕點在百貨公司、車站、機場等地都買得到，但有些限定商品是本店才有的喔，不妨去看看。

博多必買話題&人氣 伴手禮精選

博多站不但有販賣在地名產的名店街,也有以高品質自豪的百貨公司,
不論經典或創新風格的伴手禮在這裡都買得到。
趕快來看看有哪些外型、口味都出色的人氣伴手禮吧。

A.B
博多通りもん
8個裝980日圓

融合了和菓子的製
法與西點材料打
造出的點心。包有
牛奶口味的內餡
明月堂

A.B
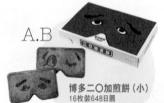
博多二○加煎餅 (小)
16枚裝648日圓

吃得到雞蛋及砂糖等素材簡
單樸實的滋味。做成了鄉土
藝能博多二○加的面具造型
東雲堂

A
どらきんぐ生 1個410日圓

放了一整顆福岡縣產あまおう草莓
的銅鑼燒。11月下旬至5月前後的
限定販售商品

伊都きんぐ

A.B
博多ぷらぷら 12個裝1080日圓

在當地因「博多ぷら
ぷらさげて♪」
電視廣告而打響名
號的生菓子,是以
求肥餅皮包住甜度
較低的紅豆餡
博多菓匠 左衛門

水果果凍 270日圓～
在甜度較低的果凍內放入了每
季當令新鮮水果的人氣商品
果実工房新SUN
フルーツジュレ

※水果依季節而異

B
茅乃舍高湯
(8g×22包)1620日圓

以茅乃舍主廚嚴選的素
材製作而成的高湯。除
了煮味噌湯,也可當作
調味料使用

久家本家
椒房庵・茅乃舍

A.B

博多之女
20個裝1080日圓

從1972 (昭和47) 年銷售至
今的長青商品,在年輪蛋糕內
塞進了紅豆羊羹
二鶴堂

HAPPY JOY
12個裝540日圓
龜田製菓的人氣商品「HAPPY
Turn's」,加上了各式口味做成的
點心

HAPPY Turn's HAPPY JOY

C

C
咚打鼓、梅之香
各1030日圓

博多阪急限定的香味茶。有以草莓大
福為靈感的「咚打鼓」,以及混合了
茉莉花茶與日本茶的「梅之香」2種
LUPICIA

最經典的福岡伴手禮就是它！

在車站或機場的商店一定會看到「博多通りもん」、「博多二〇加煎餅」及「博多之女」，這三樣是最具人氣的福岡經典伴手禮。

博多だるま・秀ちゃんラーメン
各3份裝1080日圓

在家就能品嘗到人氣排隊拉麵店美味的麵條與調味料組合

A.B

味蔵

くるりくるり博多
15個裝1080日圓

福岡限定的烘焙點心。有あまおう草莓及八女茶等，使用九州產素材製成的5種口味

A

Morozoff

D

花草茶 S尺寸各864日圓，M尺寸各1350日圓

有配合不同需求的各式自製配方花草茶包組合

南阿蘇Tea House
東急HANDS博多店

C

めんたい玉手箱
各200日圓～

有羅勒橄欖、起司等約17種獨特口味的明太子。為1～2餐份的小盒尺寸

博多辛子明太子 うまか

博多Ming饅頭 1個40日圓

表面有博多的「博」字與Ming圖案的Ming限定商品

包三味

A

A.B

辣明太子風味
仙貝 各105日圓

除了吃得到花枝及章魚滋味的原味外，還有辣味、美乃滋等口味

福太郎

A Ming マイング

與博多站大廳直通的名店街。有和洋菓子、明太子、傳統工藝品、餐廳、超市等各類店鋪。

☎092-431-1125（Ming服務中心）🏠福岡市博多区博多駅中央街1-1 ⏰9:00～21:00（Ming横丁7:00～23:00）🈳無休 🅿無

‼️JR博多站步行即到
MAP別冊5 C-1

B 博多DEITOS はかたデイトス

在筑紫口端的車站建築內聚集了美食、雜貨、藥妝店等135家店鋪。1樓的みやげもん市場可以買到九州各地的名產。

☎092-451-2561（AMU EST、博多DEITOS服務台）🏠福岡市博多区博多駅中央街1-1 ⏰因店鋪而異 🈳無休 🅿使用JR博多CITY合作停車場 MAP別冊5 B-1

C 博多阪急 はかたはんきゅう

地下1樓的食品樓層「うまちか！」有九州的人氣名店，以及各地的甜點店、熟食店在此設櫃。

🔖P.72

D AMU PLAZA博多 アミュプラザはかた

有販賣以福岡名產為靈感所設計的雜貨，以及當地孕育出的陶瓷作品。另外還有別的地方買不到的個性商品。

🔖P.72

如果時間不夠的話可以去Ming或DEITOS，這兩個地方的櫃位較集中，買起來比較方便。

時尚潮流薈萃的九州最大都市
前進天神地區採購最新流行的伴手禮

福岡的天神是一個匯集了新潮事物、最新資訊的地區，
也因此成為大家都愛來的購物街。
來看看這裡有什麼值得帶回家的新潮伴手禮吧。

岩田屋本店

地下層的食品賣場有豐富的在地伴手禮。甜點名店、知名餐廳經營的熟食店等都有在此設櫃。
⟐P.70

小糖果六種96粒1188日圓（左）
花糖糖十色10粒1296日圓（右）
常態性提供10種以上的口味。由推出人氣商品—黑色蒙布朗冰棒的竹下製菓打造的岩田屋限定店販售

DOUX D'AMOUR3片裝各648日圓
由ひよ子監製的新種酥類酥餅。表面塗滿了草莓、焦糖等5種口味的巧克力

小呂島漁夫的魚鬆60g540日圓
使用從位在福岡市西區的離島—小呂島捕撈的天然鰤魚肉，以祕傳醬汁燒烤、攪碎所製成，是配飯良伴

九州蔬菜沙拉醬 150ml
各540日圓
使用九州特產製作的沙拉醬。每款都是以長崎紅蘿蔔x熊本甜椒等2種口味相搭的蔬菜調配而成，共有5款

福岡費南雪 10個裝
1188日圓
使用福岡產あまおう草莓與八女茶製成的玫瑰造型費南雪。蘊含了祝福成功與健康的心意在內

大丸福岡天神店

Passage廣場兩邊為本館與東館ELGALA。本館可買到和菓子及西點、和洋酒、保存食品、麵包店，東館則有生鮮食品、熟食區。
⟐P.70

福岡特產「あまおう」草莓是？

為了打造出集「鮮紅、渾圓、碩大、美味」四項優點於一身的草莓，歷經6年研究後，於2005年所誕生的品種。「あまおう」之名是將這四項優點的日文字首拼湊而成的。

福岡三越

與西鐵福岡站、西鐵天神巴士中心直通的大型百貨公司。食品賣場位於地下2樓，日式及西式甜點品項尤其豐富。P.70

【福岡三越限定】利平栗蛋糕
〈添加八女茶〉4590日圓
使用了大量熊本縣產利平栗的豪華蛋糕。添加八女煎茶，帶出了濃厚豐富滋味的款式為福岡三越限定商品

明太子人造奶油120g843日圓
吃起來柔順、入口即化，明太子的辣味在之後才會漸漸湧現。共有紅茶、柳橙等4種口味

楓糖戚風蛋糕（TT尺寸）
2160日圓
不使用奶油、牛乳、油脂等脂肪製作的戚風蛋糕。糕體鬆軟的口感與楓糖獨特的深沉滋味極富魅力

THE天神法國麵包脆餅12片裝864日圓
有福岡縣特產あまおう草莓及玫瑰、咖啡、八女茶、柿子等5種口味的原創法國麵包脆餅（THE天神）

飛魚高湯醬油義大利麵醬
210ml410日圓
使用長崎縣產飛魚與福岡縣產醬油，並加入些許胡椒打造出可口滋味的和風義大利麵醬（北野エース）

博多NILE
辛辣黑咖哩410日圓
在九州被譽為名店的咖哩店「博多NILE」所推出，品嚐得到成熟辛辣味的黑咖哩（北野エース、THE天神）

福岡PARCO

有許多在九州僅此一家的店鋪，服飾以外的商品也非常豐富。推薦去B1食品販賣區的「北野エース」及「THE天神」尋找九州的特色伴手禮。P.71

天神地區的百貨公司有時會販賣期間限定商品，別忘了上各百貨公司的網站確認一下喔。

精選地區／天神地區的最新流行伴手禮

好想住一晚
聰明享受夢幻飯店

福岡身為九州的門戶，有種類豐富的飯店迎接來自各地的賓客。
不論是兼具傳統與排場的飯店，或是品味出眾的設計旅店等，
歡迎入住其中，感受備受尊榮的極致體驗。

1 高40m的開闊中庭。夜晚會點亮燈光 2 外觀的靈感來自豪華郵輪 3 二十間景觀大套房附有高科技按摩浴缸

可享受多樣化樂趣的海濱都會型度假飯店

福岡海鷹希爾頓酒店 ヒルトン福岡シーホーク

有光線從40m高的天井灑落的中庭、餐廳、酒吧、會客廳、拱廊購物中心等各式各樣的設施。職棒球季期間，可以觀賞比賽的住宿方案很有人氣。

☎092-844-8111
🏠 福岡市中央区地行浜2-2-3
🕐 IN15:00 OUT12:00
💰 雙人房13306日圓～、雙床房15725日圓～ 🅿有
🍴 ヒルトン福岡シーホーク前巴士站步行即到
MAP 別冊3 C-3 ▣ P.85

當日來回聰明享受
BRASSERIE & LOUNGE seala
位於4樓的「BRASSERIE & LOUNGE seala」以落地玻璃打造出現代簡約風格，可以在這裡悠閒舒適地用餐。有自助餐、單點、葡萄酒自助餐等豐富的選擇。

盡情品嘗由行政主廚監製的美味料理

海之中道海濱公園內的度假飯店

THE LUIGANS Spa&Resort ザ・ルイガンズ スパ アンド リゾート

14種寬敞的客房內皆提供高級備品，而且全都能眺望博多灣景色。飯店內有可欣賞海景的會客廳與3家餐廳，另外還附設SPA、游泳池、私人海灘等多項設施。

☎092-603-2525
🏠 福岡市東区西戸崎18-25
🕐 IN15:00 OUT12:00
💰 雙床房18000日圓～、雙人房24000日圓～、大套房96000日圓～ 🅿有 🍴JR海ノ中道站步行5分 MAP 別冊3 C-1

當日來回聰明享受
SPA & 午餐
以複方精油按摩的美體療程與午餐搭配成套的方案。午餐+沐浴+SPA療程45分9800日圓～，60分12500日圓～。

按摩師的手技讓身體徹底獲得放鬆

1 所有客房都是面向南邊的海景房 2 從客房望出的游泳池與周邊景色
3 住房旅客僅在夏季可以免費使用游泳池

當日來回也能好好享受飯店設施

某些飯店除了住宿外，還提供午餐及美容沙龍等當天來回也能享受到的服務。能以各種不同方式享受飯店的設施。

高級設備一應俱全

福岡大倉酒店 ホテルオークラ福岡

飯店內的設計以亞洲氣息與絲路風情為基調。提供與心愛的人共度紀念日的方案，或是搭配SPA的方案等各種女性取向住宿方案。

當日來回聰明享受

全日餐廳 Camellia
除了早餐2900日圓、午餐2600日圓～、晚餐4000日圓～的自助餐外，還提供單點菜色，並能品嘗到在飯店內釀造出來的在地啤酒。

☎092-262-1111
⌂福岡市博多区下川端町3-2
🕐IN14:00 OUT12:00
¥單人房24948日圓，雙床房36828日圓～
Ｐ有 🚇地下鐵中洲川端站步行即到 MAP別冊6 D-2

■大廳的大理石柱讓人印象深刻 ■與地下鐵中洲川端站直通，屋台街也就在隔壁 ■加入了博多織等和風元素的高質感空間

可享用當場現做的料理

君悅酒店旗下的高級品牌

福岡君悅酒店 グランドハイアット福岡

位於CANAL CITY博多內，衛浴空間設置了獨立淋浴間與電視。飯店內有融入了君悅獨特品味的正統餐廳、酒吧、糕點鋪&烘焙坊。

當日來回聰明享受

AROMA'S餐廳
依不同季節變換主題的自助式午餐提供約30種的正統料理，由其以現切的烤牛肉最受歡迎。平日為2160日圓，週六、週日、假日為2376日圓。

☎092-282-1234
⌂福岡市博多区住吉1-2-82
🕐IN15:00 OUT12:00
¥單人房19440日圓～，雙床房29160日圓～
Ｐ有 🚇JR博多站步行10分
MAP別冊5 A-1

AROMA'S的人氣料理─烤牛肉

■寢具使用的是上等的高密度平織棉 ■位在CANAL CITY博多內，觀光十分便利 ■週二至週六晚上酒吧有現場演奏

位於福岡海鷹希爾頓酒店35樓的BAR & DINING CLOUDS可邊欣賞夜景邊用餐。

擄獲女性芳心
魅力滿分的飯店

觀光一整天後，真想回飯店好好放鬆一下。
以下就為你介紹有時髦裝潢及備品、美容美體服務等，
讓人感覺賓至如歸的貼心飯店。

❶標準雙床房使用的是席夢思床墊　❷可以在位於1樓的咖啡廳「Octa Cafe」吃早餐、午餐、喝咖啡

提供各種讓女性
開心的服務

FUKUOKA ROYAL PARK HOTEL

‖博多‖ロイヤルパークホテルザ福岡

客房以25㎡以上的雙床房為主，並區分標準、女性專用、豪華樓層。1樓附設休閒風法國料理餐廳。

For ladies
①7樓為女性專用禁菸樓層
②有基礎化妝品組及保濕美容器等豐富的美容備品

☎092-414-1111　🏠福岡市博多区博多駅前2-14-15　🕐IN15:00 OUT11:00
💴單人房10000日圓～、雙床房17000日圓～　🅿無　‼JR博多站步行5分
MAP 別冊5 B-1

❶女性專用客房使用的是歐洲直接進口的家具　❷可在位於1樓的「COMATSU Premier」享用西班牙風義大利料理

位於商店
林立的鬧區

Plaza Hotel Premier

‖大名‖プラザホテルプルミエ

位於許多當地人聚集的大名，周邊聚集了眾多時髦店鋪及餐廳。氣氛高雅沉穩，讓人感覺像在自己家裡般放鬆，吸引許多旅客一再光顧。

For ladies
①可在客房享受美容服務（需預約）
②有女性優先樓層
③有女性專用客房

☎092-734-7600　🏠福岡市中央区大名1-14-13　🕐IN15:00 OUT11:00
💴單人房8100日圓～，雙床房15500日圓～　🅿有　‼地下鐵天神站步行7分
MAP 別冊8 E-3

❶女性禁菸單人房每間客房的壁紙都不同，圖為其中一例　❷可在位於半地下空間的愛爾蘭PUB享用料理及喝酒

無微不至的服務超貼心
由女性觀點出發的小巧飯店

博多Éclair飯店

‖博多‖ホテルエクレール博多

時尚的裝潢深受女性喜愛。位於半地下空間的愛爾蘭PUB可品嘗到正統愛爾蘭料理及健力士生啤酒。

For ladies
①有女性專用樓層
②有加濕器及基礎化妝品等各種為女性提供的備品

☎092-283-2000　🏠福岡市博多区須崎町1-1　🕐IN15:00 OUT11:00
💴單人房9180日圓～，雙床房18360日圓～　🅿有（預約制）　‼地下鐵中洲川端站步行3分　MAP 別冊6 D-2

豐富多元的服務
讓身心都充分被滿足♪

①位於博多站旁
②住房旅客可免費使用大浴場

①除了室內浴池外還有露天浴池及三溫暖
②位在從CANAL CITY博多步行可到的距離

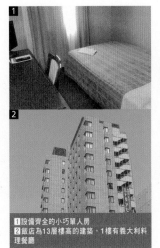

①設備齊全的小巧單人房
②飯店為13層樓高的建築，1樓有義大利料理餐廳

位於博多站前的
大型商務旅館

Nishitetsu Hotel Croom Hakata

‖博多‖ 西鉄ホテルクルーム博多

這棟14層高的建築內有479間單人房、24間雙床房。1樓有男女分開的三溫暖大浴場，入浴時間為15時至深夜1時。

For ladies
①有女性限定樓層（15000日圓～）
②女性限定樓層備有足部按摩機等

☎092-413-5454 🏠福岡市博多区博多駅前1-17-6 ⏰IN15:00 OUT10:00
💴單人房12000日圓、豪華雙床房24000日圓 🅿有 ‼JR博多站步行4分 MAP別冊5 B-1

可感受到天然溫泉的療癒效果

天然溫泉 袖湊の湯 HOTEL dormy inn PREMIUM CANAL CITY HAKATA

‖博多‖ 天然温泉 袖湊の湯ドーミーインPREMIUM博多・キャナルシティ前

擁有天然溫泉的飯店。以帶來高品質睡眠為概念，所有客房皆使用全美市佔率第一的Serta床墊及LOFTY的安眠枕。

For ladies
①15:00～翌10:00可以泡天然溫泉
②位在CANAL CITY博多旁，不用擔心逛得太晚

☎092-272-5489 🏠福岡市博多区祇園町9-1 ⏰IN15:00 OUT11:00 🛏雙床房10990日圓～、雙人房8990日圓～ 🅿有 ‼JR博多站步行12分 MAP別冊5 A-1

有美容沙龍及
女性專用樓層

HOTEL ASCENT福岡

‖天神‖ ホテルアセント福岡

位於天神的昭和通旁，裝潢摩登時尚，並有附足部按摩機的女性專用樓層及禁菸樓層等。

For ladies
①設有所有客房都配備足部按摩機的女性專用樓層
②可在客房享受美容及按摩服務

☎092-711-1300 🏠福岡市中央区天神3-3-14 ⏰IN15:00 OUT11:00
💴單人房7992日圓～、雙床房、雙人房15120日圓～ 🅿有 ‼地下鐵天神站步行3分 MAP別冊8 F-2

福岡市在長假或舉辦活動時會較其他地方湧入更多遊客，建議提早預約。

my co-Trip♪

造訪福岡的城市綠洲
漫步大濠公園飽覽水岸風景

大濠公園的中央為外圍約2km的水池，
步道周邊有豐富的自然景觀，是福岡的人氣休憩景點。
不妨來趟悠閒的水岸散步吧？

水池面積廣達22萬6000㎡

綠意盎然，全國知名的水景公園
大濠公園　おおほりこうえん

大濠公園是利用福岡城的護城河所規劃而成，沿池畔修建的步道可看到許多前來慢跑的民眾。除了可以划船徜徉於水池中，公園內還有日本庭園及能樂堂等。

☎092-741-2004（大濠・西公園管理事務所）
🏠福岡市中央区大濠公園　🕐自由入園
Ｐ有　MAP 105

設計了溪流及瀑布的築山林泉回遊式庭園

天鵝船的費用為30分1000日圓

佇立於大濠池中的浮見堂

Royal Garden Cafe的露臺可欣賞水池景色

位於水景與綠意圍繞的大濠公園內

由打造兒童區的藝術家—仰木香苗所設計的紙膠帶380日圓與資料夾324日圓

從古美術到當代藝術作品都有
福岡市美術館
ふくおかしびじゅつかん

位於大濠公園南側，有世界級近現代美術及本地出身畫家的作品、東洋古美術作品等約16000件館藏。除了常設展外，也時常舉辦各種特展。

※2016年9月～2019年3月（預定）因改裝工程關係休館。

🗺 P.89

包括草間彌生的《南瓜》在內，美術館外也陳設了許多藝術作品

夜間點燈也十分美麗

福岡城跡同時也是賞櫻名勝，3月下旬至4月上旬會舉辦櫻花節。18時至22時可至天守台及多聞櫓等處欣賞夜間點燈，1處收費300日圓。

大濠公園MAP

荒戸荒戸1　大手門
步行10分

大濠公園站
地下鐵空港線
鴻臚館前

唐人町站
能樂堂
福岡城
むかし
探訪館

Royal Garden Cafe
P.105　平和台陸上競技場
平和台競技場前

福岡市
中央區
三の丸スクエア

大濠公園
P.104

大濠池
城內美術館
鴻臚館跡
城內展示館
舞鶴公園

P.89・104 福岡市美術館　福岡城跡
P.105　警固中
P.105 珈琲 美美

赤坂
KFC

周邊圖 別冊P.3

赤坂

神社前
0　200m
1:25,000

正上方
為北方

保存了史跡的賞櫻名勝

福岡城跡 ふくおかじょうあと

此處過去是筑前福岡藩52萬石的根據地，目前則規劃為舞鶴公園。福岡城是由初代福岡藩主黑田長政耗時7年所築成，現今還留有多聞櫓、傳‧潮見櫓等。

下之橋御門是唯一維持了原本位置的城門

城跡 ☎092-711-4784
（福岡市經濟觀光文化局大規模史跡整備推進課）
⌂福岡市中央区城內 舞鶴公園　◷自由入園
Ⓟ有 MAP 105

據說過去位在名島城的名島門

在這裡
小歇片刻

可欣賞池中景色的水岸咖啡廳

Royal Garden Cafe
ロイヤルガーデンカフェ

店內空間寬敞，可將大濠公園景色盡收眼底。使用舊木材打造的裝潢氣氛沉穩，讓人十分放鬆。義大利麵、披薩與兒童餐點也很受歡迎。

咖啡廳 ☎092-406-4271 ⌂福岡市中央区大濠公園1-3ボートハウス ◷11:00～最後點餐時間依季節而異（週六、週日、假日為9:00～）闲無休 Ⓟ有 MAP 105

每週更換菜色的義大利麵午餐1300日圓。圖為培根番茄義大利麵

池水近在眼前的露臺座

水果蛋糕400日圓，與咖啡非常搭

特調咖啡中味550日圓是本店招牌

品嘗自家烘培咖啡享受森林浴

珈琲 美美 こーひーびみ

位在綠意盎然、櫸木夾道的馬路旁，創業39年的咖啡專賣店。2樓的喫茶空間可品嘗到濾布式手沖的重焙咖啡。可在1樓秤重購買咖啡豆。

咖啡廳 ☎092-713-6024 ⌂福岡市中央区赤坂2-6-27 ◷11:00～19:00
闲週一、第1週二（逢假日則翌日休） Ⓟ無 MAP 105

可請店家幫忙磨豆的中味咖啡豆 100g700日圓

位於福岡城內的福岡城むかし探訪館有提供帶著專用平板電腦，與導遊一同參觀的行程。

你是否

有被旅途中看似平凡無奇的景色

深深打動過？

就像現在

當目光不自覺被吸引的瞬間

眼前原本毫不起眼的風景

就成了專屬自己的一片天地

再走遠一些，
也到這裡玩一玩

高樓大廈林立的都會景觀與
蔚藍大海、閑靜田園風光、充滿往昔氣氛的街景
比鄰而居，各自的魅力完美交融在一起，
這就是福岡的迷人之處。
也可以隨興之所至，來趟愜意的「co-Trip」。
那麼就稍微離開市區，
來趟當天來回的旅行吧。

沿海處商店群集的糸島與福津，
參拜的同時還能沿路發掘各種趣味的太宰府天滿宮，
可以搭著搖櫓船漫遊城下町的柳川等，
旅途中處處充滿了都會中遇不到的驚喜喔！

要不要離開福岡市區
再玩遠一些吧？

在離福岡市區有段距離的海邊或山間，
也有不少地方擁有美景與好店等著你發掘。
從市區開車約1小時就能到了喔。

往糸島去…。 P.110~119

糸島距離福岡市區車程約40分，是一座正對著玄界灘的半島。來到這裡可以欣賞海景，享受海濱兜風的樂趣。糸島同時也是夕陽名勝，落日沉入海中的美景不可錯過。另外，這一區還有許多帶有純樸氣息的藝術家工作室。

●如何前往糸島

從博多站搭乘市營地下鐵空港線與JR筑肥線40分（也有直通車），筑前原站下車。
糸島市觀光協會 ☎092-322-2098

從櫻井二見浦可望見海邊的夫婦岩

往太宰府去…。 P.120~127

供奉學問之神的太宰府天滿宮享譽全國。通往本殿的參道約400m長，兩旁聚集了販賣天神相關伴手禮的店家及烘烤梅枝餅的茶屋等超過80家的店鋪，每年有多達700萬人的信眾前來參拜。

●如何前往太宰府

從西鐵福岡（天神）站搭乘西鐵天神大牟田線特急15分，於西鐵二日市站轉乘西鐵太宰府線5分，太宰府站下車。
太宰府市觀光服務處 ☎092-925-1880

供奉平安時代身兼學者、政治家，活躍於不同領域的菅原道真

往柳川去…。 P.128~131

柳川是詩人北原白秋的出生地，古時為立花家10萬9000石的城下町，曾繁榮一時。市區內縱橫交錯的水道保留了舊時城下町風情，搭乘搖櫓船穿梭於水路間的「柳川遊船」是最經典的觀光行程。

●如何前往柳川

從西鐵福岡（天神）站搭乘西鐵天神大牟田線特急48分，西鐵柳川站下車。
柳川市觀光服務處 ☎0944-74-0891

參加柳川遊船能夠從船上欣賞城下町景緻

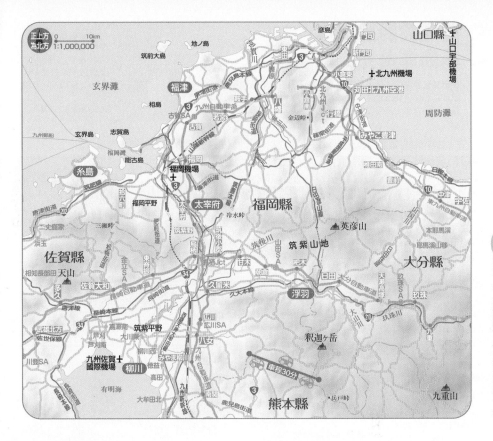

往福津去…。 P.132~133

可以在淺水區踩著浪花在海灘散步的福間海岸，是聚集了景觀咖啡廳的話題地區。另外還可以順便造訪宮地嶽神社及公路休息站等景點。

●如何前往福津
從博多站搭乘JR鹿兒島本線快速23~27分，福間站下車。
福津市觀光協會 ☎0940-42-9988

往浮羽去…。 P.134~135

浮羽位在著名能量景點—耳納連山山麓，擁有豐富自然景觀，當然也少不了別具魅力的商店與餐廳。

●如何前往浮羽
從博多站搭乘JR鹿兒島本線快速40分，久留米站下車，轉乘JR久大本線40分，筑後吉井站下車。
浮羽市觀光協會 ☎0943-77-5611

糸島與福津地區由於景點間距離較遠，自行開車較為方便。

馳騁於蔚藍海岸
糸島海濱兜風

突出於玄界灘的糸島半島是最適合海邊兜風的地點。
還可以順便造訪能欣賞美麗海景的店家，
讓心神徜徉於一望無際的大海景色中。

整個繞上一圈
4 小時
10
18
建議出遊的時段

起點就選在位於糸島半島西側的「海辺の手作り石けん工房 暇楽」。途中可前往海邊的咖啡廳吃午餐或喝個下午茶，順便去有興趣的雜貨店逛逛。夕陽西下時分，則推薦到櫻井二見浦。

以天然素材製作體貼肌膚的肥皂

海辺の手作り石けん工房 暇楽
うみべのてづくりせっけんこうぼうからく

以橄欖油為主原料，只使用植物油與天然素材製作肥皂。未添加凝固劑做出的肥皂溫和不傷肌膚。混入了蜂蜜及迷迭香等香味，共有10種以上款式。

店內滿是香草與薰衣草香氣

肥皂工房 ☎092-328-1345
⌂糸島市志摩芥屋3728-6
⏰11:00～17:00 週三、週四（逢假日則營業）P有 JR筑前前原站車程25分
MAP 118 B-2

肥皂1塊864～1728日圓

選擇100%海水的天然鹽當伴手禮

工房とったん
こうぼうとったん

位於糸島半島西北側的天然鹽工房。從曬乾海水到下鍋煮鹽的過程需要約14天。製造出來的鹽經烘烤後，烤鹽顆粒細緻，帶有溫和的甘甜味。

兼營販售的工房，可參觀製鹽過程

天然鹽 ☎092-330-8732(季節屋)
⌂糸島市志摩芥屋3757
⏰10:00～17:00 無休
P有 JR筑前前原站車程30分 MAP 118 B-2

またいち鹽250g810日圓、烤鹽100g540日圓

淋上鹽的結晶與焦糖醬享用的花鹽布丁350日圓

海邊的時髦咖哩屋

KOKOPELLi ココペリ

咖哩是使用高礦物質的大分縣湧泉製作，深受歡迎。濃稠的咖哩醬濃縮了糸島的蔬菜、水果等20種以上素材的美味在其中。自製甜點也很有人氣。

冷凍KOKOPELLi咖哩1袋520日圓

咖啡廳 ☎092-328-1901
⌂糸島市志摩芥屋703-5
⏰11:00～日落（6～9月的週一～週三有午休）
週四、週五 P有 芥屋巴士站步行3分 MAP 118 C-2

店內後方設有雜貨販售區

糸島豬的炸豬排咖哩午餐1480日圓

可看到夫婦岩的志摩Sunset Road

外型可愛的手工肥皂

二見浦附近的海灘有著白沙碧波的美景

KOKOPELLi的露臺望去便是玄界灘

有如棉花糖般的知名刨冰

夏天來到糸島海邊時別忘了造訪以刨冰「白雪」聞名的村上や**MAP** 119 D-4。白雪是將冰塊削成薄片般的雪花冰,吃起來輕盈柔順,有草莓牛奶、宇治金時等10種以上口味。

還會開設繪畫教室的藝術空間

DOVER ドーバー

生於芝加哥的藝術家JAMES DOVER所開的店。皮製的包包及皮夾都是在附設的工作室製作出來,獨一無二的作品。另外還有販賣古董雜貨、飾品、陶器等。

主要販賣家飾雜貨及皮革商品

獨家果醬
100g500日圓,
200g980日圓

雜貨店 ☎092-327-3895
⏚糸島市志摩桜井4656-3
🕐11:00～17:00 困週二(逢假日則營業) 🅿有 ‼井弁田巴士站步行即到 **MAP** 119 D-1

「日本海灘・夕陽百選」的景色令人沉醉

櫻井二見浦
さくらいふたみがうら

位在緊鄰福岡市西區的糸島市,距離岸邊150m的海上有綁著祭祀用注連繩的夫婦岩。夏至前後太陽從兩塊岩石間沒入海面的夕陽景色美不勝收,為著名約會景點,也是福岡縣的名勝。

可欣賞從夫婦岩後沒入海中的夕陽名勝

海岸 ☎092-322-2098(糸島市觀光協會)
⏚糸島市志摩桜井4433-1～3 🕐自由參觀 🅿有
‼JR筑前前原站車程30分 **MAP** 119 D-1

欣賞二見浦夕陽的特等席

PALM BEACH
パームビーチ

透過店內的大窗戶或坐在露臺座能望見二見浦的景色。提供使用糸島產有機蔬菜、新鮮海產、糸島豬等講究的食材製作的義大利料理。

咖啡廳兼餐廳 ☎092-809-1660 ⏚福岡市西區西浦286
🕐11:00～22:00(因時期而異,週六、週日、假日僅接受12:00以前之5組預約) 困不定休 🅿有 ‼JR今宿站車程20分
MAP 119 D-1

生起司蛋糕550日圓與獨家飲料650日圓

可以從露臺座欣賞夕陽落入海平線

凝集了糸島大海恩惠的またいち鹽

PALM BEACH的露臺座可欣賞到近在眼前的海景

PALM BEACH的義大利麵午餐1500日圓～

綁著注連繩的二見浦夫婦岩

工房とったん可預約報名製鹽體驗(收費)。體驗課程僅限平日,只受理10人以上之報名。

獨佔絕美風景
在特等席咖啡廳的悠閒時光

山海圍繞的糸島有許多能欣賞自然景觀的咖啡廳。
來到被蔚藍海洋、海浪聲、綠意所環繞，有如秘密基地般的空間，
在距離美景最近的特等席享受療癒身心的片刻吧。

海邊咖啡廳

白色陽傘與蔚藍海
面相映成趣

裹著醬油口味醬汁的SUNSET風
夏威夷漢堡排飯1160日圓

露臺座在假日時常
客滿

木質裝潢營造出暖意

左／使用9cm立方體造型的吐司所做成
的法式吐司1280日圓 上／燒烤糸島豬
里肌肉午餐1780日圓

從純白咖啡廳的露臺座欣賞海景

sunflower サンフラワー

以歐洲度假勝地為概念所打造
的咖啡廳兼餐廳，面向博多灣
的露臺景緻極佳。能吃到使用
大量糸島豬及糸島產蔬菜製作
的各式料理與甜點。

外觀走白色小木屋風格

☎092-834-8769 ⌂福岡市西区今津4420-1
🕐11:30〜21:00 ㊡週四 🅿有
🍴JR今宿站車程10分 MAP 119 E-2

眺望夕陽美景色讓身心都放鬆

SUNSET サンセット

位在二見浦附近的咖啡廳兼餐
廳，適合在黃昏時分前來，坐
在露臺座欣賞夕陽西下的景色
好好放鬆一下。餐點以使用糸
島產食材製作的漢堡排及夏威
夷漢堡排飯等無國籍料理為
主。

椰子樹打造出南國風情

☎092-809-2937 ⌂福岡市西区西ノ浦284
🕐11:00〜22:00 ㊡週四、第3週三 🅿有
🍴JR今宿站車程20分 MAP 119 D-1

綠意圍繞的咖啡廳

左／能吃到熱布丁及甘夏柑馬芬的甜點盤套餐1280日圓
右／放了滿滿蔬菜的豆乳綠咖哩890日圓

2樓的桌席保留了倉庫的氣氛

中午的無菜單套餐3000日圓。晚間菜色較多，為5000日圓
下／無菜單套餐附的甜點

店內為可以把腳伸直、好好放鬆的和室空間

讓人想賴著不走的隱密咖啡廳

安蔵里かふぇ あぐりかふぇ

將原本是釀造醬油用的儲藏庫改裝而成的咖啡廳。除了有如秘密基地的2樓外，還有綠意盎然的露臺座。可以品嘗到主要使用在地蔬菜與安心安全食材製作的料理。

露臺座旁為枝葉茂密的甘夏柑樹

☎092-322-2222 🏠糸島市川付882
🕐11:30～16:00（週六、週日、假日為11:00～）🈺不定休 🅿有
🚃JR加布里站車程10分 ᴍᴀᴘ119 D-4

在鄉間人家品嘗在地料理

さるひょう家 さるひょうや

老闆娘以自給自足為目標從事農耕之餘所開的店。可以在屋齡超過90年的日式住宅內品嘗現採蔬菜、近海漁獲等，全部使用在地食材烹調的家常料理。

位於群樹圍繞的山麓

☎092-325-0899 🏠糸島市二丈一貴山大仏929
🕐12:00～15:00、18:00～21:00（需預約）🈺週日～週二
🅿有 🚃JR筑前深江站車程13分 ᴍᴀᴘ118 C-4

SUNSET是第一家開在糸島海邊的咖啡廳，夏天舉辦的SUNSET LIVE也是從這裡開始的。

造訪糸島的手工藝雜貨工作室
邂逅讓人少女心大爆發的小東西

糸島聚集了許多陶藝家、飾品設計師、
手工藝創作者等職人的工作室。
不妨順道過來逛逛，感受手工製作的物品傳來的暖意。

陳列了超過60位糸島市內藝術家的作品

內部採灰泥牆及使用大量天然木材的裝潢／店內還附設咖啡廳

以糸島的自然素材打造生活雜貨

糸島くらし×ここのき
いとしまくらしここのき

老闆過去曾從事讓荒廢的山林恢復生機的活動，這家店則販賣使用木材等自然素材製作、有益身體的各種物品。商品包括了全為糸島產的食品、器皿、雜貨等生活用品，這裡同時也是糸島最新情報的交流站。店內還有一區為咖啡廳。

生活雜貨 ☎092-321-1020

⌂糸島市前原中央3-9-1 ⏰10:00～19:00 休週二
Ｐ有 ‼JR筑前前原站步行7分 MAP 119 D-3

樹葉盤
小4104日圓～

店內有各式各樣的木製手工藝品

粉引淺碟2160～6480日圓，柔和的白色化妝土十分美觀

圓弧外型與天然木製把手為特色的無光泥釉茶壺7560日圓

精選為生活帶來樂趣的日用品

Kurumian クルミアン

主要販賣各式器皿，另外還有舒適的麻質衣物等，網羅了全國各地藝術家的作品。店內商品皆為老闆親自使用過後所嚴選出的優質商品，不僅機能性佳，造型也非常時尚。

生活雜貨 ☎092-328-2515

⌂糸島市志摩久家2129-1 ⏰12:00～16:00
休週二～週四(營業日需確認) Ｐ有
‼久家巴士站步行5分 MAP 118 C-3

讓人感受到水波晃動感的UZUMARU玻璃杯2700日圓

店內會不定期舉辦工作坊或活動

糸島手工藝節
座落著一百多間工作室的糸島在每年9月下旬會舉辦這項活動，讓各工作室齊聚一堂。除了展示、販售各工作室的作品外，還會有體驗活動喔。

飾品工作室&複合品牌店

タビノキセキ

輕盈而堅固的玻璃製芳香墜飾與耳環可以聞到微微精油香氣，很受歡迎。也可以進行飾品製作體驗，選擇自己喜歡的天然石或玻璃裝飾搭配鏈條打造出你專屬的飾品。

[飾品] ☎092-327-1115 △糸島市志摩小金丸1870-11 ⏰11:00～17:00 困週三(逢假日則營業) Ｐ有 ‼志摩中入口巴士站步行8分 MAP 118 C-2

上／店內也有許多適合用來送禮的精選商品 右上／芳香飾品可加入自己喜歡的精油，4320日圓～ 右下／飾品製作體驗 (需預約) 約3240日圓～

動物圖案與藍色器皿別具特色

陶工房Ron とうこうぼうロン

由夫妻經營的陶藝工作室，製作帶有玩心、妝點生活的陶器。畫有北極熊及貓咪等動物的器皿，以及如同蔚藍海水般的美麗天空藍色系列等都很有人氣。

[陶器] ☎092-327-4680 △糸島市志摩小金丸1873-19 ⏰11:00～17:00 困不定休 Ｐ有 ‼志摩中入口巴士站步行8分 MAP 118 C-2

小巧玲瓏的店內擺滿了各式器皿

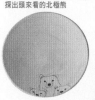

北極熊飯碗2808日圓，畫著探出頭來看的北極熊

RGBY花瓶（M）1620日圓，圓滾滾的外型與樸實的圖案很可愛

以清爽藍色搭配時髦圖案的即興雙色小咖啡杯2700日圓

伴你度過每一天的手工作品

うつわと手仕事の店 研

うつわとてしごとのみせけん

店面為改裝60年屋齡老宅而成的閒靜空間。除了定居糸島的陶藝家敦賀研二的作品外，藝廊還展示、販售了老闆夫妻所精選的藝術家作品。

出自教賀研二之手，使用黑色、象牙白、青釉等簡樸色彩的器皿

外觀運用了大量木質元素

[器皿] ☎092-327-2932 △糸島市志摩初232 ⏰11:00～17:00 困週二 Ｐ有 ‼JR筑前前原站車程10分 MAP 119 D-2

陶工房Ron與タビノキセキ位在有店舖及工作室等9間店家聚集，被稱為やかまし村的區域。

尋找秘密基地般的優質好店

突出於玄界灘的糸島半島在海邊、
山腳下、小丘上都藏著時髦的商店。
趕快去這些只有內行人才知道的秘密基地瞧瞧吧!

1 店內的樑柱及土牆等保留了老宅風貌 **2** 位於可也山山腳 **3** 木頭製作的耳環及胸針 **4** 色彩繽紛的乾燥花400日圓～ **5** 體貼肌膚的天然素材拖鞋 **6** 招牌是用舊木材製成 **7** 店內還有各式小巧的多肉植物及觀葉植物

在舒服的老宅內逛逛自然風服飾及雜貨

麻と木と… あさときと

以「療癒」為主題,販賣天然素材製作的服飾及藝術家作品、器皿、植物、園藝用品等自然風格的商品。店面是屋齡超過100年的老民宅改裝而成,由老闆親自打造為充滿暖意的空間。還設有讓顧客自己操作機器的自助式咖啡座。

帶有陽剛味的花盆小500日圓,大1100日圓

不同種類素材的搭配展現出時尚感,提藍包2800日圓

服飾、雜貨 ☎ 092-328-0677 ⇧ 糸島市志摩小富士1251-4
🕐 11:00～17:00 ㊡ 無休 Ⓟ 有 ‼ JR筑前前原站車程10分 **MAP** 119 D-3

可以感受到製作者心意的麻質服飾

atelier an one アトリエアンワン

僅在週六營業的成衣製造商
兼店鋪，在小巧的空間中販
售使用以麻為主的天然纖維
製造穿起來舒適、可水洗的
原創服飾。為了表現出素材

的獨特觸感，做出來的衣服
都會一件件以人工進行水洗
等作業，穿上身時能感受到
純手工製作的暖意。

服裝、服飾品 ☎092-327-0818 ⌂糸島市志摩野北1158
⏰12:00～16:00 ㉕週一～週五、週日、假日 🅿有 ‼JR筑前前原
站車程20分 MAP 119 D-2

鄉村風罩衫
10584日圓，
打褶裙
13824日圓

低領連身洋裝
19440日圓

❶店面是倉庫改裝而成 ❷衣服沒有標籤，而是加上了獨家的印記 ❸位於綠
意圍繞的山丘上

❶店面位於加布里灣旁 ❷超過30年前的磁磚6個400日圓～ ❸家具等放在
店內的東西幾乎全是出售的商品

歐洲製水瓶
3000日圓

從法國的跳蚤市場買來的茶壺
3000日圓

蒐集各式二手物品的海邊商店

shabby café hana*bi シャビーカフェハナビ

眼前就是大海的雜貨店兼咖
啡廳。店內擺滿了古董家
具、來自歐洲及亞洲的二手
物品、當地藝術家的油畫

等，感覺就像是跳蚤市場。
可以在附設的咖啡廳品嘗到
老闆拿手的斯里蘭卡咖哩。

雜貨、咖啡廳 ☎092-335-3408 ⌂糸島市千早新田208-3
⏰11:00～日落前後 ㉕不定休 🅿有 ‼JR加布里站步行20分
MAP 119 D-3

麻と木と…與shabby café hana*bi可以在店內品嘗到有機咖啡，購物之餘還能稍事休息。

糸島MAP

正上方
為北方

0 ──────── 1.5km
1:120,000

玄界灘

野母商船(福工～奈留～青方～小値賀～宇久～博多)

P.110 KOKOPELLi Ⓡ

♣芥屋の大門

芥屋

波止

芥屋

仏崎

幣の浜

P.115 陶工房Ron Ⓢ
P.115 タビノキセキ Ⓢ

立石山

岐志

P.110 工房とったん Ⓢ

海辺の手作り石けん工房 暇楽 Ⓢ
P.110

姫島

野辺

新町

引津湾

松原

松原

船越　久家

P.114 Kurumian Ⓢ

寺山

寺山

佐賀縣
唐津市

鷲ノ首

202

町役場入口

深江

筑前深江站

配崎

大入

大入站

大入

さるひょう家 Ⓡ
P.113

吉井
福吉站

馬井

佐波

田地原

二丈PA

筑肥線

福井

姉子浜

串崎

唐津站

鹿家

竹戸

中村

202

二丈

A　　　B　　　C

P.111 PALM BEACH Ⓡ
P.112 SUNSET Ⓒ
P.111 櫻井二見浦

西浦
宮浦
唐泊崎
西園
浦
大口
相薗
木原
Ⓢ DOVER P.111
桜井
P.112 sunflower Ⓒ
Ⓢ atelier an one
P.117
糸島半島

東區

市營渡船

福岡灣
(博多灣)

能古島海島公園
能古島

能古博物館

元寇防壘跡
大原
大原
呑山
山手
水崎

九州大 ⊗
元岡

糸島市

馬場
初
Ⓢ うつわと手仕事の店 研 P.115
津和崎

▲可也山
新田
P.114 糸島くらし×ここのき Ⓢ
Ⓢ 麻と木と… P.116
Ⓢ shabby café
hana*bi
P.117
布里
加布里
神在

太郎丸
周船寺

波多江站
前原
池田
中町

筑前前原站

美咲丘站
加布里站
前原
有田

▶ ザ・クイーンズヒルGC

伊都GC ▶
鶴ヶ坂
日明
八反田
Ⓒ 安蔵里かふぇ P.113
長野

別処
Ⓢ 村上や P.111
千如寺

横浜
横浜
石崎
今宿站
今宿

長垂
今宿

生の松原
下山門站
姪の浜
興徳寺
姪濱站

天神站

Ⓒ

筑肥線
青木

拾六町
今宿

周船寺
497

福岡市
西區

高祖山
▲

上ノ原

末永

末永

金武

日向峠

井原

福岡雷山GC ▶
瑞梅寺

柿

末永

真方
三坂

高野

雷山
井原山

飯場

曲渕小入口
曲渕隧道
曲渕

三瀬隧道
佐賀

早良區

福岡市區

福重
福重

福岡市區
202

Ⓒ

東區

能古島

今津灣

再走遠一些／糸島MAP

騎自行車探訪萬葉之里、太宰府
走訪眾多充滿歷史氣息的知名景點

太宰府為過去曾統治九州達500年之久的大宰府政廳所在地。
學問之神菅原道真與這裡也有深厚的淵源，
許多知名景點都見證了太宰府悠久的歷史。

小·小·旅·程·提·案

1 從西鐵太宰府站START

出了車站來到站前廣場，右手邊便是參
道。一面逛逛伴手禮店，一面往太宰府
天滿宮前進吧。

2 太宰府天滿宮 だざいふてんまんぐう

鳥居前方有綜合服務處。
💬P.122

3 光明禪寺 こうみょうぜんじ

開山住持與菅原家有淵源的鐵牛圓心
和尚。寺內有枯山水庭園。
☎092-925-1880(太宰府市觀光服務處)
🕐9:30～16:30 ¥200日圓 MAP121 B-2
會有因舉辦法事等而不對外開放的日子

4 觀世音寺 かんぜおんじ

供奉了屬於重要文化財的佛像。寺內有
據說是日本最古老的梵鐘。
☎092-922-1811
🕐9:00～17:00 ¥寺內免費，寶藏500
日圓 MAP120 A-2

5 戒壇院 かいだんいん

為日本三大戒壇之一，據說是唐僧鑑真
歸化後首次進行授戒處。
☎092-922-4559
🕐本堂參拜為9:00前後～16:00前後(需
預約)¥本堂參拜為500日圓 MAP120 A-2

6 大宰府政廳遺址 だざいふせいちょうあと

為奈良、平安時代掌管九州整體政務與
外交、軍事的大宰府政廳之遺址。
☎092-922-7811(大宰府展示館)
自由參觀 MAP120 A-2

7 西鐵太宰府站GOAL

在車站歸還自行車。前往福岡市區的交
通方式請參閱💬P.108。

車站內有太宰府市觀光服務處

租借自行車

西鐵太宰府站有提供可自上午9時到下午6時
使用自行車的租借服務（還車也是至下午6時
為止）。費用為一日500日圓（電動自行車為
800日圓），必須出示身分證明。過年期間可
能會暫停服務。

整個繞上一圈 🚶🚲🚌 **3小時**

從參道到太宰府天滿宮、光明禪寺的距離並不遠，建議散步走過去。之後則可以在太宰府站租借自行車，騎車到剩下的各景點。從車站騎車到觀世音寺、戒壇院約5~6分。

9───17

建議出遊的時段

地方循環巴士「まほろば號」

在太宰府觀光時，搭乘循環駛於太宰府市內的巴士也是一個便利的選擇。搭乘一次100日圓，一日自由乘車券為300日圓。自由乘車券可在觀光服務處或車內購買。

戒壇院的本尊─毘盧舍那佛是重要文化財

大宰府政廳遺址現在已規劃成為公園

地圖上的地名：
錦花園 / 太宰府 / 山公® / 內山 / 梅林アスレチックスポーツ公園 / 內山区公民館 / 竈門神社 P.127 / 豆塚山 / 宰府 / 三条台 / 公園前 / 松本池 / 普賢橋 / 老人ホーム前 / 九州情報大 / 菅谷団地 / 博物館入口 / 公民館前 / 天開稲荷社 / 太宰府遊樂園 / 医師 / 歴史館 / 太宰府天滿宮 P.120·122 / 宝物殿 / サニータウン宮の森 / 歩行約10分 / 筑紫野市 / 九州國立博物館 P.126 / 光明禪寺 P.120 / 都坂団地 / 森の / ちくし園芸 / 原 / 國立博物館前 / 湯ノ谷南団地 / 原営業所前 / みかさ台前 / 石坂 / 学園大前 / 筑紫女学園大・短大前 / 太宰府ゴルフ倶楽部 / 推薦路線 / 高雄山 / 石穴 / 太宰府東小 / 高雄公園 / **太宰府** / 推薦路線 / 正上方為北方 / 0───300m / 1:30,000

在大有來頭的傳統住宅內用餐

古香庵 ここうあん

為江戶時代末期起的書師、書法家─吉嗣梅仙、拜山、鼓山的故居，作為餐廳營業已有50年之久。可品嘗到手工芝麻豆腐、昆布醃比目魚等山菜風會席料理。

山菜風會席料理2916日圓起

☎092-924-2525
🕐11:30~15:30 休不定休
MAP 120 B-1

在這裡小歇片刻

甜味柔和的瑞士捲

法式糕點 JEAN DOUX
フランスがし ジャン・ドゥ

老家為蛋農的老闆兼甜點師所製作的甜點，在甜食愛好者間享有盛名。使用楓糖漿與自家雞蛋做出的特製瑞士捲鬆軟可口。

特製瑞士捲1條（18cm）
1080日圓

☎092-928-0505 🕐9:00~20:00（公休前日為~19:00）休週一（逢假日則翌日休）MAP 120 A-2

參道旁伴手禮店林立

姿態高雅莊嚴的太宰府天滿宮

光明禪寺通稱「苔寺」，是著名的賞楓名勝

觀世音寺過去在九州寺院中居於重要地位

觀世音寺的梵鐘、太宰府天滿宮的本殿等被指定為國寶或重要文化財的建築文物都有著獨特韻味。

再走遠一些／騎自行車探訪太宰府

飄散著梅花香氣的春天
是最適合參拜太宰府天滿宮的季節

祭祀學問之神菅原道真的太宰府天滿宮，
一年四季可見到各種不同的花朵盛開，讓人感受到季節的交替變化。尤其在春天，6000株梅樹盛開的景象更是美不勝收。

參拜信眾絡繹不絕
菅原道真長眠之處

太宰府天滿宮
だざいふてんまんぐう

太宰府天滿宮祭拜的是學問之神菅原道真，起源據說是道真在903（延喜3）年去世後，當牛車載運他的遺體途中，牛隻突然伏地不動，因此便興建祠堂供奉道真。這裡能保佑學業進步、全家平安、消災解厄，吸引了眾多信徒前來參拜。

1 現在的本殿是小早川隆景在1591（天正19）年出資所興建
2 除了日本國內，也有大批來自國外的觀光客造訪
3 寫有學業進步及其他各種心願的繪馬
4 穿過樓門後前方便是本殿
5 神社內隨處可見梅花造型的裝飾

☎092-922-8225
🏠太宰府市宰府4-7-1
🕐6:30～19:00 💴免費
🅿有 🚆西鐵太宰府站步行5分 MAP 121 B-1

122

可申請志工導覽服務
太宰府天滿宮的服務處可受理志工導覽服務的申請。須有2人以上，在3日以前提出申請預約。
☎092-922-8225

心字池 因呈現「心」字的形狀故被命名為心字池。位於通往本殿的途中，據說由橋上走過可潔淨身心。

梅籽納所 據說天神存在於梅籽內，因此梅籽不能隨便丟棄，要集中到這裡。

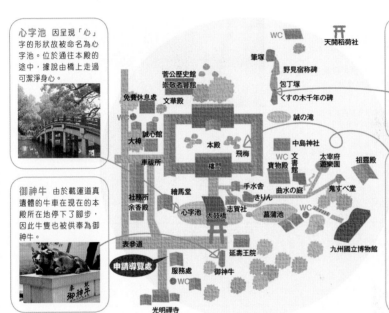

WC
天開稻荷社
筆塚
野見宿称碑
包丁塚
菅公歷史館
崇敬者會館
文華殿
免費休息處
くすの木千年の碑
誠の滝
WC
誠心館
大橋
本殿
飛梅
中島神社
車祓所
樓門
WC 文書館
寶物殿
太宰府遊樂園
祖靈殿
繪馬堂
社務所
余香殿
手水舍
きりん
曲水の庭
鬼すべ堂
心字池
天鼓橋
志賀社
菖蒲池
WC
表参道
延壽王院
九州國立博物館
申請導覽處
服務處
御神牛
WC
光明禪寺

御神牛 由於載運道真遺體的牛車在現在的本殿所在地停下了腳步，因此牛隻也被供奉為御神牛。

飛梅 位於本殿右方的「飛梅」，據說因為思念被逐出京都的道真，一夜之間便飛到了太宰府。

要買什麼當作伴手禮

梅御守 1500日圓
裡面放有梅核，可保佑健康、長壽的御守。外型可愛，十分受歡迎

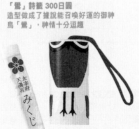

航空安全御守 700日圓
因為梅樹思念道真而在一夜之間飛來，由「飛梅傳說」之典故發想的罕見御守

「鷽」詩籤 300日圓
造型做成了據說能召喚好運的御神鳥「鷽」，神情十分逗趣

梅子昆布茶 750日圓
帶有昆布鮮甜與梅子香氣的梅子昆布茶，也可以當成菜時的調味料

太宰府天滿宮的詩籤顏色會隨季節而變，讓人感受到四季的交替。

抵達太宰府天滿宮前的200m
開心、有趣的參道漫步

太宰府天滿宮的門前聚集了超過80家的商店。
大口咬下名產梅枝餅，
悠閒地逛逛伴手禮店、茶屋林立的參道吧。

品嘗現烤梅枝餅與抹茶

松屋「維新の庵」

まつやいしんのいおり

位於梅枝餅店家內的喫茶室。據說是月照上人為了前
往薩摩投靠西鄉隆盛，曾投宿過的遺址

咖啡廳 ☎092-922-6125 🏠太宰府市宰府2-6-12
🕘9:00～17:30 困不定休 🅿無 MAP 120 B-1

從外頭的參道無法想像會有如
此靜謐的日本庭園

梅枝餅與抹茶套餐
600日圓

有大型公用
停車場。
一次500日圓
（一般車）
Ⓟ

太宰府天滿宮直
營的伴手禮店。
還有九州的燒酎
及在地糕點等

博多人偶工作室
的直營店。許多
表情討喜的人偶
都僅此一件

140年前的客棧
改裝而成的復古
咖啡廳

通りゃんせ
宮のとまり●

博多人形ふみお●

山菜日和・
お茶々●

西日本シティ銀行●

交番●

風見鶏●

寺子屋本舗●

太宰府館●

天満屋●

民芸の店 英彦麓●

ぎゃらり 楓

●ラーメン
暖暮

●やす武

太宰府站

西鐵太宰府線

●松屋「維新の庵」

●宰府まめや

●梅園菓子處

●加野而青堂
馬場店

●松尾商店

裝有20種以上口味的宰府什錦
豆菓子一袋250日圓

提供各式繽紛豆菓子

宰府まめや

さいふまめや

使用北海道十勝產大豆及千葉縣
花生，每一粒皆為手工製作的豆
菓子專賣店。吃得到藍莓、美乃
滋、抹茶等別出心裁的口味。

和菓子 ☎092-925-0181
🏠太宰府市宰府2-6-15
🕘10:00～17:30 困無休
🅿無 MAP 120 B-2

每一季約有80種商品

爵士樂繚繞於大正時代的老宅內

山菜日和・お茶々

さんさいびよりおちゃちゃ

由大正時代的老宅改建而
成，播放著爵士樂的店內在
冬天會點起暖爐。能品嘗到
運用當令山菜及蔬菜製作出
的料理。

點餐後現做的
艾草湯圓670日圓

和食處 ☎092-929-0626 🏠太宰府市
宰府1-15-16 🕘11:30～14:30（有時可
能延長）困週一（逢假日則翌日休）🅿有
MAP 120 B-1

設有大型停車場

若是開車前來，西鐵太宰府站附近就有大型停車場 **MAP** 120 B-1。一般車輛停車一次500圓。

將手帕塑造
出個人風格
てのごい家
てのごいや

店面為老宅風的日式摩登風格

「てのごい」是博多腔的手帕之意。這裡的手帕不論像畫作一樣裱框，或是當作掛毯般拿來裝飾都不錯，可以變化出五花八門的用法。

生活雜貨 ☎092-922-1035
🏠太宰府市宰府2-7-26
🕙10:00～17:00 困不定休
🅿無 **MAP** 120 B-2

帶有博多織圖樣的手帕各1080日圓

可享用各式甜品與餐點
かさの家
かさのや

販賣太宰府名產梅枝餅的店家，5個裝600日圓，10個裝1200日圓。也可以在這裡用餐，有松花堂便當「飛梅」及蕎麥麵壽司等餐點。

食品 ☎092-922-1010
🏠太宰府市宰府2-7-24 🕙9:00～17:30（餐廳為10:00～）困無休 🅿無 **MAP** 120 B-2

長約400m的參道　太宰府天滿宮

Zakka&Café Fu
古香庵
スターバックス
酒殿屋
中村屋
可在著名書法家的故居品嘗會席料理（☞P.121）
寺田屋
甘木屋
茶房きくち
てのごい家
かさの家

可從太宰府天滿宮內前往九州國立博物館 ☞P.126

有生魚片、煮物、烤物等，色香味俱全的松花堂便當1950日圓

散發大正時代
浪漫情懷的咖啡廳
風見鶏
かざみどり

畫有風向雞的復古花窗玻璃

店內可聽到古董黑膠唱盤播放出的音樂。愛爾蘭咖啡及有數種口味可挑選的蛋糕套餐值得推薦。

咖啡廳 ☎092-928-8685
🏠太宰府市宰府3-1-23
🕙10:00～17:00 困不定休 🅿無 **MAP** 120 B-1

咖啡凍730日圓，裝在天鵝造型的可愛器皿裡

說到太宰府就想到…
梅枝餅

用米粉及糯米揉成的餅皮包住內餡，再放進有梅花印記的模具烘烤就成了梅枝餅。剛烤好時表面酥脆芳香，冷了後則吃起來Q彈有勁。參道上許多店都買得到。

再走遠一些／漫步太宰府天滿宮參道

太宰府館（**MAP** 120 B-1）有梅枝餅製作體驗可參加。需洽詢，詳情請電☎092-918-8700。

從太宰府再多走幾步路，
造訪九州國立博物館來場藝術饗宴

九州國立博物館是日本第4座國立博物館。
自古以來九州便與亞洲大陸交流密切，
透過充滿在地特色的展示，還能欣賞到國寶及重要文化財等珍貴文物。

快樂地在參觀中學習歷史與文化

九州國立博物館
きゅうしゅうこくりつはくぶつかん

以「與亞洲的交流史」為主
題的博物館。有聚焦於日本
與亞洲各國文化交流史的文
化交流展，每年還會舉辦
4～5次特展。位於1樓的「あ

じっぱ」為免費入場，有紙
雕、摺紙等工作坊可體驗。

☎050-5542-8600 ⌂太宰府市石坂4-7-2 ⏰9:30～16:30 ㊡週一
（逢假日則翌日休）￥文化交流展430日圓 Ⓟ有 ⁂西鐵太宰府站步
行10分 MAP 121 B-2

❶位於緊鄰太宰府天滿宮的樹林內　❷可藉由實際觸摸、遊戲認識亞洲文化的體驗型展示室「あじっぱ」

從太宰府天滿宮通往博物館的隧道內，照明會有七彩變化

在博物館商店找找看

重現了遣唐使船的展示間內有船上貨物的復原模型

文化交流展示室內展出了約800件文化財

有博物館限定刻印及季節圖樣的和三盆糖「和三寶」15粒864日圓

將館藏『針聞書』中提到的「肚子裡的蟲」卡通化做成的模型，共有15種，各540日圓

可以演奏亞洲各國的樂器

再走遠一點

竈門神社 かまどじんじゃ

最初是在興建大宰府政廳時，為了擋住鬼門的方位所設立的。上宮座落於寶滿山的山頂，下宮則位於山麓，以求取姻緣而聞名。

神社 ☎092-922-4106
⌂太宰府市內山883 ⊙自由參拜 Ⓟ有 ‼內山巴士站步行即到 MAP 121 C-1

走上石階便會看到本殿

販賣御守處漆成了柔和的淺粉紅色

可愛的迷你尺寸許願用達磨，共7種顏色，各500日圓

使用杉木間伐材打造的入口

竈門神社內有據說能達成願望的「水鏡」與占卜戀情的「愛敬の岩」喔。

搭乘水鄉柳川的遊船
感受城下町風情

市區內縱橫交錯的水路構成了水鄉柳川的美麗風景。
水路巡禮途中的並倉及白牆建築物景觀、在地鄉土美食等，
都保留了濃厚的城下町風情，靜靜撫慰來訪者的心靈。

柳川觀光的經典行程之一

柳川遊船　おほりめぐり

可由數個乘船處搭船，在抵達終點柳川藩主立花邸 御花 ⏎P.129為止，搭櫓船會在1小時10分的航行時間中，載著遊客穿梭於約4km的水路間，沿岸還種有茂密的柳樹及櫻花樹等樹木。冬天航行的是暖爐桌船，可以在遊船的同時欣賞雪景。

☎0944-74-0891（柳川市觀光服務處）　🕘9:00～日落　🈲2月中旬　💴1500～1600日圓　🅿有　‼西鐵柳川站步行5～7分的距離有5個乘船處　MAP129

❶熟練地操作著船棹的船夫會沿途進行導覽，以頭戴斗笠、身著短褂之姿在重點處做解說 ❷資深船夫阿辰 ❸並倉為明治時代初期的建築物，典雅的紅磚倒映在水中 ❹鋪著平瓦，縫隙以灰泥填滿所蓋成的海鼠壁 ❺船夫們個個技術精湛，將船駛過狹窄的水路也非難事 ❻柳川遊船舟途中會經過的「椛島菖蒲園」❼『柳川女兒節祭典「さげもんめぐり」』的水上遊行所構成的柳川春季風情畫

整個繞上一圈 **3小時**

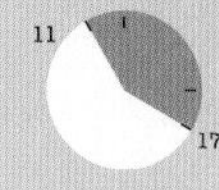
11
17

建議出遊的時段

柳川的觀光景點幾乎都是步行就能到。水路巡禮的沖端下船處附近就是北原白秋的老家．紀念館，以及柳川藩主立花邸 御花。景點旁就有水路流過，洋溢著滿滿的水鄉風情。

泡個足湯休息一下

距離柳川藩主立花邸 御花步行約5分鐘處有一座からたち文人の足湯（MAP 129），空間寬敞， 可容納70人， 而且不需付費。營業時間為上午10時至下午6時。

推薦路線
柳川泛舟路線
0 300m
1:30,000
沖端川
大川
西鐵天神站
西鐵天神大牟田線
三柱神社
柳川病院
報恩寺
筑紫町
鍛冶屋町
辻町
元祖 本吉屋
浄華寺
柳川遊船 松月乘船處 P.128
光照寺
西鐵柳川站
伝習館高
辻町
あめんぼセンター
柳川 古文書館
三柱神社前
西鉄柳川
P.131
江戸小路 すずめの時間
十時邸
藤吉小
208
柳川市役所
市役所前
柳城中入口
富安庭園
真勝寺
終點
中部魚市場
鬼童町
御花前
柳川城跡
糀島菖蒲園
本城町
柳川高
ムトー商店 P.130
西鐵大牟田站
P.131
北原みやげ店
布橋
本町
皿屋 福柳 P.129
糀島氷菓 P.130
柳川藩主立花邸 御花 P.129
若松屋
ル・カフェ・パティスリーさくら P.131
柳川署
起點
保養センター前
からたち文人の足湯 P.129
晴天大橋
柳川遊船 沖端下船處 P.128
紅茶の店 River Flow P.130
柳川リハビリテーション病院
大牟田
北原白秋生家・紀念館 P.129
水の郷

在這裡吃午餐

皿屋 福柳

さらやふくりゅう

可以品嘗到有明海海產的餐廳。蒸籠蒸鰻魚的火候拿捏堪稱一絕，外皮焦香，魚肉鬆軟。由於上一代老闆是北原白秋的兒時玩伴，據說白秋也經常造訪。

☎0944-72-2404 ⌂柳川市沖端町29-1 ⏲11:30～14:30 休 週四、第4週三 P 有 ‼御花前巴士站下車步行5分 MAP 129

體驗將軍宅邸的豪華排場

柳川藩主立花邸 御花

やながわはんしゅたちばなていおはな

佔地7000坪的指定名勝，能在這裡認識柳川藩主立花家的歷史。完整保留了明治時代伯爵宅邸與庭園的原貌，史料館則展示了代代相傳的將軍用品。

建於明治時代的日本庭園「松濤園」，常綠的松樹在眼前營造出蒼翠綠意。

西洋館建於1910（明治43）年，作為立花家迎賓館用的洋房

☎0944-73-2189 ⌂柳川市新外町1 ⏲9:00～18:00 休 無休 ¥ 入園費500日圓 P 有 ‼御花前巴士站步行即到 MAP 129

追憶偉大詩人的生前之姿

北原白秋生家・紀念館

きたはらはくしゅうせいかきねんかん

保存並公開詩人北原白秋的老家，廣大佔地內設有建為倉庫樣式的紀念館，展示了白秋的遺物與原稿。

此處被指定為福岡縣史蹟，裡面還留有北原白秋的塗鴉

☎0944-72-6773 ⌂柳川市沖端町55-1 ⏲9:00～17:00 休 無休 ¥ 500日圓 P 無 ‼御花前巴士站步行5分 MAP 129

北原白秋是什麼人？

北原白秋是寫下了《からたちの花》等多首名作的詩人。明治18（1885）年出生於經營釀酒業的名門，在19歲前往東京以前的歲月都是在柳川度過的。

在水路巡禮時，船夫會唱起北原白秋作詞的名曲《まちぼうけ》，可以在歌聲中飽覽水鄉景色。

在城下町柳川
尋找可愛、好吃的東西

柳川是座保留了城下町風情的城市，
雖然這裡的名產首推鰻魚，不過在巷弄裡其實也藏著
充滿了柳川魅力的雜貨及甜點店等特色店家喔。

洋溢咖啡香的雜貨店

ムトー商店 ムトーしょうてん

能喝到道地咖啡，也能買伴手禮的店。販賣當地藝術家製作的雜貨以及柳川毯飾品、畫有柳川風景的手帕、糕點等。

咖啡廳・雜貨 ☎080-4280-6107 柳川市新町37 ⓒ10:00〜19:00 不定休 P有 西鐵柳川站步行15分 MAP 129

① 小巧的店面設有吧檯座與桌席 ② 迷你蠟燭各150日圓，手繪圖案十分可愛 ③ 每天推薦不同口味的本日咖啡300日圓

復古包裝的冰棒超可愛

糀島氷菓 かばしまひょうか

以古早味配方製作出來的冰棒口味樸實，給人懷念的感覺。使用的原料包括了自家農園採收的熱帶水果、柳川產草莓「あまおう」、抹茶等。

外觀為純正的日式風格

有牛奶、抹茶等口味的糀印冰棒120日圓〜

冰棒 ☎0944-74-5333 柳川市本城町53-2 ⓒ11:00〜16:00 週三 P有 本城町巴士站步行3分 MAP 129

用美味紅茶與手工甜點幫自己充個電

紅茶の店 River Flow こうちゃのみせリバーフロー

可以一面欣賞水路風光、一面享用香醇紅茶與自製蛋糕的紅茶專賣店，紅茶的種類約有60種。店裡也有販賣茶葉及茶具。

紅茶530日圓〜與司康370日圓

咖啡廳 ☎0944-74-0211 柳川市稻荷町13-4 ⓒ10:00〜18:30 週三（逢假日則翌日休）P有 御花前巴士站步行5分 MAP 129

店面是以大正浪漫風格為概念的町家風建築

能館覽日本庭園景色的隱密咖啡廳

江戶小路 すずめの時間

えどこうじすずめのじかん

位在靜謐的江戶小路巷弄內，由老宅改裝成的閱讀咖啡廳。店裡除了販賣繪本及詩集等，還可以在面對著庭院的簷廊與包廂空間享用甜點與咖啡。

閱讀咖啡廳　☎0944-88-9211　🏠柳川市鬼童町8-2　🕙10:00～日落　休週二（逢假日則翌日休）　🅿無　‼御花前巴士站步行5分　MAP129

❶馬卡龍與咖啡套餐730日圓 ❷精心選出各年齡層都喜愛的書籍 ❸簷廊的座位舉目望去滿是綠意

再走遠一些／柳川的可愛小東西

邂逅華麗的手工製作「さげもん」

北原みやげ店

きたはらみやげてん

緊鄰北原白秋生家・紀念館的伴手禮店。柳川的傳統女兒節裝飾「さげもん」及「柳川毬」是由技藝精湛的老奶奶們一件件手工製作出來的。有各種大小不同的款式。

也有許多人將柳川毬及人偶掛在鑰匙圈上

店面為倉庫樣式的建築，由北原白秋老家分出的旁支所經營

伴手禮店　☎0944-72-2876　🏠柳川市沖端町51　🕙9:00～17:00　休不定休　🅿有　‼御花前巴士站步行5分　MAP129

使用柳川產素材製作出細膩甜點

ル・カフェ・パティスリーさくら

可以品嘗到以帶有潤澤豆香的柳川產大豆「フクユタカ」製作出的甜點。也吃得到咖哩及佛卡夏麵包等午餐，店裡還有販售烘焙糕點。

放上了星野村玉露冰淇淋與巧克力蛋糕的抹茶聖代750日圓

咖啡廳　☎0944-74-3980　🏠柳川市沖端町10　🕙10:00～18:30　休週二　🅿無　‼御花前巴士站步行5分　MAP129

店面所在的建築過去曾是藥鋪

柳川的傳統女兒節裝飾「さげもん」在網路商店「さげもん美草」也買得到。

前往熱門海濱地區
福津兜風之旅

距離福岡市區車程約1小時，可欣賞玄界灘海景的福津地區，
近來開設了許多以景觀著稱的咖啡廳。
另外還有引發話題的神社及公路休息站，最適合來趟週末兜風之旅。

在海邊享受片刻幸福時光

cafe de BoCCo カフェドボッコ

店面與福間海岸近在咫尺，
能將大海與沙灘景色盡收眼
底。露臺及店內的吧檯、桌
席都能望見海景。人氣的義
大利麵午餐有十多種口味，
入夜以前都吃得到。

咖啡廳　☎0940-43-2628　⌂福津市西福間4-15-36
🕐11:30~19:00　🈺週一　🅿有　🚻JR福間站車程5分
MAP 132

❶面海的吧檯座為特等席 ❷豐盛的義大利麵午餐1400日圓～，有義大利麵
加上法國麵包、沙拉、湯、飲料、3種甜點拼盤等 ❸磚牆與撐著陽傘的露
臺十分醒目

舒適的挑高空間極具魅力

land ship cafe ランドシップカフェ

從店內望出去，可看見遠方海面上的相島。海
水也近在眼前，從露臺座就能下到沙灘。以地
產地消為理念，使用每天早晨採購的當地蔬菜
製作的咖哩及海鮮蓋飯很受歡迎。

咖啡廳　☎0940-52-0381　⌂福津市宮司浜4-5-17
🕐11:30~20:00　🈺週二　🅿有　🚻JR福間站車程10
分　MAP 132

❶五種蔬菜與香料等細火慢煮而成的LAND SHIP咖哩1300日
圓 ❷外觀為小木屋風格 ❸店內有露臺與桌席，2樓也有座位

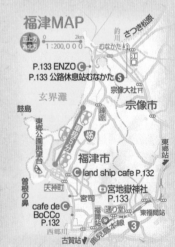

福津MAP

1:200,000

P.133 ENZO
P.133 公路休息站むなかた

玄界灘

宗像市

福津市

land ship cafe P.132

宮地嶽神社
P.133

cafe de
BoCCo
P.132

在海邊品嘗在地義大利料理

ENZO エンゾ

2樓座位可以遠眺玄海島及相島，天氣好時還看得見小呂島。除了能品嘗到以在地當令蔬菜與熊本水源水製作的義大利料理外，還有販售店旁陶窯做出的器皿，也可以參加陶藝體驗。

咖啡廳 ☎0940-62-0948 🏠福津市勝浦582-2 ⏰11:30～15:00、17:00～20:00 休週二 🅿有 🚻JR東鄉站車程18分 MAP 132

1面海的吧檯座建議事先預約 2貓咪造型的可愛杯子2800日圓 3マルコ套餐1460日圓。使用的是隔壁工作室製作的器皿。

記得來這裡走走

電視廣告中的場景「光之道」在眼前重現

宮地嶽神社
みやじだけじんじゃ

以開運、保佑生意興隆而著稱的神社。長11m、直徑2.6m、重達3噸的大注連繩為全日本最大。落日餘暉灑落在參道上的景色別有一番風味。

神社 ☎0940-52-0016 🏠福津市宮司元町7-1 ⏰佔地內自由參觀，御守販賣處為7:00～19:00 🅿有 🚻JR福間站車程5分 MAP 132

幸福御守
1000日圓

1陽光筆直灑落在大海上所形成的「光之道」 2背對著神社的神體山─宮地嶽而建，由大注連繩所守護的御本殿

網羅了豐富山珍海味的休息站

公路休息站 むなかた
みちのえきむなかた

遊客絡繹不絕的人氣休息站。主要商品為玄界灘的海產，另外還有各式使用在地水果、雞蛋製成的加工品，隔壁為使用宗像產米粉製作麵包的麵包店。

1使用成熟水果製成的果醬「むなかた旬榨りジャム」760日圓 2加入柑橘汁製作的蕨餅340日圓

休息站 ☎0940-62-2715 🏠宗像市江口1172 ⏰9:00～17:00（6～9月為8:30～）、餐廳為11:00～15:30 休第4週一（逢假日則翌日休）🅿有 🚻道の駅むなかた巴士站即到 MAP 132

據說只有在10月及2月宮地嶽神社才會出現筆直的「光之道」。

造訪浮羽時
不可錯過的特色店家

從福岡市區出發不用一小時，就能到達被耳納連山所包圍，有豐富自然景觀的浮羽地區。光是這裡充滿魅力的店鋪與溫泉，就值得你特地跑一趟。

各式手工作品展現高雅品味

ぶどうのたね

老宅改裝而成的店面內陳列了玻璃及木工雜貨、器皿、布製小物、鞋子等各種以細膩手工打造出的作品。店內商品都是老闆親自拜訪各地藝術家挑選蒐集而來，品質絕對無庸置疑。

(藝廊) ☎0943-77-8667
⌂うきは市浮羽町流川428
🕙10:00～18:00 (休)無休 (P)有
‖JR浮羽站車程5分 (MAP)135

①脫下鞋子走進寬敞的藝廊參觀 ②輕盈且堅固耐用的木碗 ③美麗的淺色花瓶 ④以體貼肌膚的天然素材製作的圍巾

運用流傳於新潟地方的棉織物做成的布袋1600日圓～

外型穩重的收納筒
2484～4320日圓

眼前便是梯田的
絕美景觀咖啡廳

たねの隣り　たねのとなり

以無農藥、少農藥蔬菜及高品質素材製作的午餐與甜點很受歡迎。堅持手工製作的料理吃了不會對身體造成負擔。從大片的窗戶望出去可看到老闆親自打理的果園。

(咖啡廳) ☎0943-77-6360
⌂うきは市浮羽町流川333-1
🕙10:30～18:00 (冬季為日落即打烊)
(休)無休 (P)有 ‖JR浮羽站車程5分
(MAP)135

①使用特上焙茶製作的焙茶聖代918日圓
②使用天然木材及石頭裝潢，營造出寧靜祥和的氣氛

販賣人氣商品「豆たん」的
和菓子店

葡萄家　ぶどうや

用內側放了堅果的最中餅皮夾住求肥與北海道產紅豆做成的「豆たん」為招牌商品。豆たん個頭嬌小，帶有焦糖味的堅果與Q彈的麻糬吃起來出乎意料地搭。

(和菓子店) ☎0943-77-5930
⌂うきは市浮羽町流川334
🕙10:00～18:00 (休)週三 (P)有
‖JR浮羽站車程5分
(MAP)135

吃起來爽口不膩的豆たん
130日圓

店面散發出如同料亭般的氣氛

日木IC
山田SA
大分自動車道
朝倉市
三日月山
日田市
日田IC
P.135 MINOU BOOKS&CAFÉ
筑後吉井
久大本線
車程5分
みのう山荘 P.135
久留米市
鷹取山
八女市
S ぶどうのたね P.134
S 葡萄家 P.134
C たねの隣り P.134
浮羽市
浮羽MAP
P.135 IBIZA SMOKE RESTAURANT
1:300,000

「隣りの売店」

在たねの隣り隔壁有一家名為「隣りの売店」的商店，店內販賣咖啡、果醬等咖啡廳也有在用的有機食材及獨家商品，用完餐後記得過來逛逛。

置身大自然中的獨棟餐廳

IBIZA SMOKE RESTAURANT

イビサスモークレストラン

為火腿工房附設的西班牙料理店，能品嘗到曾親赴西班牙學藝的老闆使用在地食材所製作的西班牙海鮮燉飯及鄉村風料理。以傳統製法熟成的火腿也很有人氣。

餐廳 ☎0943-77-7828 ⌂うきは市浮羽町田籠719
🕐11:00～17:00（週六、週日為～19:00，需預約）休週二不定休 P有 ‼JR浮羽站車程25分
MAP 135

❶露臺座可聽見一旁溪流的潺潺水聲 ❷店面外觀給人置身西班牙鄉間的感覺

使用大分縣產海鮮製作的西班牙海鮮燉飯1944日圓

與在地特色完美融合的閱讀咖啡廳

MINOU BOOKS&CAFÉ

ミノウ ブックスアンドカフェ

店內主要陳列老闆所挑選出的衣、食、住相關書籍，另外還有音樂、旅行、嗜好等各式各樣主題的書。咖啡座則能品嘗到咖啡與以手工馬芬為主的輕食。

閱讀咖啡廳 ☎0943-76-9501
⌂うきは市吉井町1137
🕐10:00～19:00 休週二 P無
‼JR筑後吉井站步行10分
MAP 135

❶咖啡450日圓及草莓佐奶油起司馬芬380日圓 ❷店內呈現簡潔、帶有現代感的風格

位於耳納連山山間的絕景露天浴池

みのう山荘 みのうさんそう

不住宿的泡湯設施，從露天浴池望出去的風景極富魅力，以源泉放流方式讓顧客享受自地下1800m湧出的溫泉。位於山丘上的大浴場及包租浴池可看到筑後平原的景色完整呈現在眼前。附設咖啡廳。

泡湯設施 ☎0943-74-1268
⌂久留米市田主丸町森部1206
🕐10:00～21:00（家族浴池為～20:20 咖啡廳為11:00～20:30）
休週四（逢假日則營業）泡湯費700日圓、包租浴池60分1700日圓（附露天浴池為2700日圓）P有
‼JR田主丸站車程10分 MAP 135

大浴場可眺望筑後平原與市區景色

みのう山荘附設的咖啡廳除了聖代、霜淇淋外，還提供定食及烏龍麵等健康的餐點喔。

前往福岡的交通方式

由於交通移動也是旅行的一部分,所以當然要追求快速、舒適。
為了讓旅途更愉快,
「co-Trip」將前往福岡的交通方式整理成了一目瞭然的表格。

從日本各地前往福岡

搭新幹線的話在博多站下車。
搭飛機的話則在福岡機場搭乘市營地下鐵。

JR博多站是福岡市的門戶,也是山陽新幹線西邊的終點站,不過站名並不是"福岡站",這一點請留意。如果搭飛機的話,是搭到福岡機場。在航廈的地下層搭乘福岡市營地下鐵,就能輕鬆便捷地前往市中心。

> **善加利用「自由行」**
>
> 不論是個人或團體旅行,旅行社推出的自由行方案都是一個方便又划算的選擇。自由行方案是將飛機或新幹線等交通工具與飯店的住宿搭配成一套,在旅行目的地則可以自由行動。不妨先去旅行社找寫著大大的「福岡」的宣傳冊來看看。雖然這是針對日本人銷售,但到了當地也可以視情況購買。

出發地點	交通工具	路線	所需時間	價格
東京	飛機	羽田機場→JAL·ANA·SKY·SFJ→福岡機場	1小時55分	41390日圓
名古屋	飛機	中部/小牧機場→JAL·ANA·FDA·IBX·JJP→福岡機場	1小時30分	28810日圓(中部機場出發)
	新幹線	名古屋站→新幹線のぞみ→博多站	3小時25分	18540日圓
札幌	飛機	新千歲機場→JAL·ANA·SKY→福岡機場	2小時30分	57300日圓
仙台	飛機	仙台機場→JAL·ANA·IBX→福岡機場	2小時5分	48800日圓
金澤	其他鐵道	金澤站→JR特急サンダーバード→新大阪站→新幹線のぞみ·みずほ→博多站	5小時15分	18810日圓
大阪	新幹線	新大阪站→新幹線のぞみ·みずほ→博多站	2小時30分	15310日圓
	飛機	伊丹·關西機場→JAL·ANA·IBX·APJ·JJP→福岡機場	1小時10分	24600日圓
廣島	新幹線	廣島站→新幹線のぞみ·みずほ→博多站	1小時10分	9150日圓
高松	其他鐵道	高松站→快速マリンライナー(自由座)→岡山站→新幹線のぞみ·みずほ→博多站	2小時50分	13770日圓

機票價格為搭乘JAL·ANA之價格

搭乘巴士也是一個選擇

選擇搭巴士不僅省去了轉乘的麻煩,價格也較新幹線或飛機便宜。不論夜行巴士或日間班次,有從各地出發的多種路線可前往福岡。如果搭的是夜行巴士,到達目的地就有了一整天的觀光時間。搭巴士前別忘了先預約座位與確認上車處。

用青春18車票來趟悠閒慢旅

青春18車票是可以1日中自由搭乘JR快速、普通列車的車票。悠閒地搭著慢車一路搭到目的地,在旅途中或許還會有意想不到的邂逅。1張車票可用5次(一人),價格為11850日圓。會配合春假、暑假、寒假期間發售。

渡輪之旅也不錯

如果要從關西前往福岡，也可以考慮搭乘大阪南港～新門司港的渡輪。不僅價格低廉，如果搭晚上7時50分的班次，隔天早上8時30分就會到，時間並不像想像中那麼久，可以細細體會搭船旅行的樂趣。

洽詢電話

飛機
JAL(日本航空)／JAC(JAPAN AIR COMMUTER)
‧‧‧‧‧‧‧‧‧‧‧‧☎0570-025-071
ANA(全日空)‧‧‧‧☎0570-029-222
SKY(SKYMARK)
‧‧‧‧‧‧‧‧‧‧‧‧‧☎0570-039-283
SFJ(STARFLYER)
‧‧‧‧‧‧‧‧‧‧‧‧‧☎0570-07-3200
IBX(IBEX Airlines)
‧‧‧‧‧‧‧‧‧‧‧‧☎0120-686-009
FDA(FUJI DREAM AIRLINES)
‧‧‧‧‧‧‧‧‧‧‧‧☎0570-55-0489
APJ(樂桃航空)
‧‧‧‧‧‧‧‧‧‧‧‧☎0570-200-489
JJP(日本捷星航空)
‧‧‧‧‧‧‧‧‧‧‧‧☎0570-550-538

鐵道
JR九州服務中心
‧‧‧‧‧‧‧‧‧‧☎050-3786-1717
JR西日本客戶服務中心(京阪神地區)
‧‧‧‧‧‧‧‧‧☎0570-00-2486
JR西日本北陸服務中心
‧‧‧‧‧‧‧‧‧‧☎076-265-5655
JR東海電話服務中心
‧‧‧‧‧‧‧‧‧☎050-3772-3910
福岡市營地下鐵客戶服務中心
‧‧‧‧‧‧‧‧☎092-734-7800
西鐵客戶服務中心
‧‧‧‧‧‧‧‧‧☎0570-00-1010

高速巴士
九州高速巴士預約中心(西鐵)
‧‧‧‧‧‧‧‧‧☎092-734-2727

渡輪
名門大洋渡輪‧‧‧☎050-3784-9680

※以上洽詢處基本上使用的語言是日文，請注意。

co-Trip推薦的實用手機網站

車站查詢
可搜尋飛機、電車的時刻表、票價、轉乘資訊
http://sp.ekitan.com(智慧型手機)
http://1069.jp(一般手機)
http://ekitan.com/(PC)

札幌

仙台

金澤

東京

名古屋

大阪(新大阪)

廣島

高松

福岡(博多)

善加利用飛機的優惠票價

某些航空公司會有提供給一起購買來回機票、早鳥票或搭乘特定航班的折扣優惠。好好運用這些已經行之有年的折扣制度，規劃一趟聰明省錢的空中之旅吧。

買機票最方便的途徑就是上網訂票，可以馬上知道機位狀況與折扣最多的航班。

從九州各地前往福岡

以JR特急列車或高速巴士最為便利。從鹿兒島、宮崎出發的話也可搭乘飛機。

從佐賀、長崎、大分一帶出發可以選擇搭乘省時間的JR特急，或是省錢的高速巴士。若是從熊本或鹿兒島出發，搭乘九州新幹線快速又方便。搭飛機則是從鹿兒島出發的另一項選擇。宮崎的話則是搭飛機比較方便，高速巴士的班次也相當多。

出發地點	交通工具	路線	所需時間	價格
鹿兒島	新幹線	鹿兒島中央站→新幹線みずほ・さくら・つばめ→博多站	1小時15~40分	10450日圓
	飛機	鹿兒島機場→JAC→福岡機場	55分	20800日圓
長崎	其他鐵道	長崎站→JR特急かもめ→博多站	1小時55分	4700日圓
	巴士	長崎站前→九州急行巴士→博多巴士總站	2小時30~55分	2570日圓
熊本	新幹線	熊本站→新幹線みずほ・さくら・つばめ→博多站	35~50分	5130日圓
	巴士	熊本交通中心→九州產交巴士等ひのくに號→博多巴士總站	2小時5~25分	2060日圓
佐賀	其他鐵道	佐賀站→JR特急かもめ・みどり・ハウステンボス→博多站	40分	2440日圓
	巴士	佐賀站巴士中心→西鐵巴士わかくす號→西鐵天神高速巴士總站	1小時20分	1030日圓
宮崎	飛機	宮崎機場→JAC・ANA・IBX→福岡機場	50分	22100日圓
	巴士	宮崎站前→宮崎交通・JR九州巴士等フェニックス號→博多巴士總站	4小時20~30分	4630日圓
大分	其他鐵道	大分站→JR特急ソニック→博多站	2小時10~30分	5560日圓
	巴士	大分新川→大分交通・大分巴士等とよのくに號→博多巴士總站	2小時45分	3190日圓

從福岡前往各地區

前往太宰府、柳川的話搭乘西鐵較為方便。如果要去門司港、小倉，新幹線是最便捷的選擇。

西鐵的總站位在天神的西鐵福岡（天神）站，從這裡搭乘特急的話可以直達柳川，前往太宰府則要在二日市換車。如果目的地是小倉，搭乘山陽新幹線一站就會到。在小倉轉乘JR鹿兒島本線・日豐本線的快速或普通列車，很快就能到達門司港。

去哪裡	交通工具	路線	所需時間	價格
太宰府	巴士	西鐵福岡（天神）站→西鐵特急→西鐵二日市站→西鐵普通→太宰府站	25分	400日圓
柳川	巴士	西鐵福岡（天神）站→西鐵特急→西鐵柳川站	48分	850日圓
糸島	巴士	博多站→市營地下鐵空港線→姪濱站→JR筑肥線→筑前前原站（也有直通車）	40分	580日圓
浮羽	巴士	博多站→JR鹿兒島本線快速→久留米站→JR久大本線普通→筑後吉井站	1小時20分	1290日圓
福津	巴士	博多站→JR鹿兒島本線快速→福間站	23~27分	460日圓

還有這些超值車票

太宰府・柳川觀光套票
西鐵福岡（天神）站或藥院站～太宰府站～西鐵柳川站之間的西鐵電車來回優惠車票，搭配柳川水路巡禮乘船券的超值組合。價格為2930日圓，購買日起1個月內有效，可於開始使用日及翌日使用。

Enjoy海之中道套票
從指定車站至海之中道站的來回JR車票，以及海洋世界海之中道入場券搭配成的優惠套票。從博多站出發為2490日圓，可使用2日。

符號說明 ✈ 飛機 🚄 新幹線 🚋 其他鐵道 🚌 巴士

萬能的「SUNQ PASS」

不論是高速巴士或路線巴士，可以無限制搭乘九
州巴士的「SUNQ PASS」正引發熱烈討論。
「全九州＋下關」版有10000日圓（3日）與
14000日圓（4日）兩種。使用區域限定在福岡、
佐賀、長崎、大分、熊本與下關的「九州北部＋下
關」版為8000日圓（3日），非常超值喔！

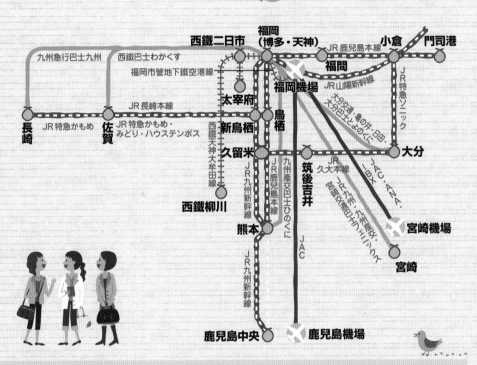

搭雙層巴士遊覽福岡

「FUKUOKA OPEN TOP BUS」是上層部分沒有屋頂遮蔽的開篷觀光
巴士，可以從離地3.2m的高度飽覽福岡市區風光。

路線	發車時間	所需時間	費用	備註
海濱百道路線	9:30、11:30、14:00、16:00	1小時	1540日圓（可一日無限制搭乘福岡市中心免費區域內的路線巴士）	每條路線都是從天神‧福岡市公所前出發。當日預約請至福岡市公所本廳舍1樓的車票櫃台辦理（最晚受理至發車前20分鐘）。未滿4歲不可乘車。
博多鬧區路線	10:00、12:00、14:30、16:30	1小時		
福岡璀璨夜景路線	18:00、19:00	1小時～		

★提前預約、洽詢請電☎092-734-2727（九州高速巴士預約中心）

※班次可能會有更動

西鐵特急電車的駕駛座正後方為有大片窗戶的景觀座。

139

外文字母

景 主要景點　R 餐廳　C 咖啡廳　S 商店　H 飯店　温 温泉

index

咖喇

🅘 主要景點 🅡 餐廳 🅒 咖啡廳 🅢 商店 🅗 飯店 ♨ 溫泉

ことりっぷ co-Trip 小伴旅

福岡 太宰府

【co-Trip日本系列 6】

福岡小伴旅

作者／MAPPLE 昭文社編輯部
翻譯／甘為治
校對／王凱洵
編輯／林庭安
發行人／周元白
出版者／人人出版股份有限公司
地址／23145新北市新店區寶橋路235巷
6弄6號7樓
電話／（02）2918-3366（代表號）
傳真／（02）2914-0000
網址／www.jjp.com.tw
郵政劃撥帳號／
16402311人人出版股份有限公司
製版印刷／長城製版印刷股份有限公司
電話／（02）2918-3366（代表號）

經銷商／聯合發行股份有限公司
電話／（02）2917-8022
第一版第一刷／2013年12月
修訂第二版第一刷／2016年4月
修訂第三版第一刷／2017年12月
定價／新台幣300元

●本書提供的，是2016年2～4月的資訊。由於資訊
可能有所變更，要利用時請務必先行確認。另因日本
調高消費稅，各項金額可能有所變更；部分公司行號
可能標示不含稅的價格。此外，因為本書中提供的內
容而產生糾紛和損失時，本公司礙難賠償，敬請事先
理解後使用本書。
●電話號碼提供的都是各設施的詢問電話，因此可能
會出現非當地號碼的情況。因此使用衛星等設備
查詢地圖時，可能會出現和實際不同的位置，敬請注
意。
●各種費用部分，入場券部分的標示以大人的票價為
基準。
●開館時間、營業時間，以到停止入館的時間之間，
或是到最後點餐時間之間為基準。
●不營業的日期，只標示公休日，不包含臨時停業或
盂蘭盆節和過年期間的休假。
●住宿費用的標示，是淡季平日2人1房入宿時的1人
費用。但是部分飯店，也可能房間為單位來標示。
●交通費示出來的是主要交通工具的參考所需時間。
●使用IC卡時，車資、費用可能有所差異。
●本文內詢問處基本上使用的語言是日文，請注意。

●本書掲載の地図について
この地図の作成に当たっては、国土地理院長の承認を得
て、同院発行の1万分1地形図 2万5千分1地形図 5
万分1地形図 50万分1地方図、100万分1日本、数値
地図(国土基本情報)電子国土基本図(地図情報)、数値
地図(国土基本情報)電子国土基本図(地名情報)、数値
地図(国土基本情報)基盤地図情報(数値標高モデル)、
電子地形図25000、基盤地図情報を使用した。(承認番
号 平27情使、第14-155153号 平27情使、第15-
155153号 平27情使、第16-155153号 平27情
使、第18-155153号)

● 著作權所有 翻印必究 ●

國家圖書館出版品預行編目(CIP)資料

福岡.太宰府小伴旅 /
MAPPLE昭文社編輯部作；
甘為治翻譯. -- 修訂第三版.
-- 新北市：人人，2017.12
面；　公分. -- (co-Trip日本系列；6)
ISBN 978-986-461-106-5(平裝)

1.旅遊 2.日本福岡市
731.781109　　　　　　106003851
LLM

※本書系凡有「修訂」二字，表示內容有所修改。「修訂
～刷」表示局部性或大幅度修改，「修訂～版」表示全面
性改版修訂。